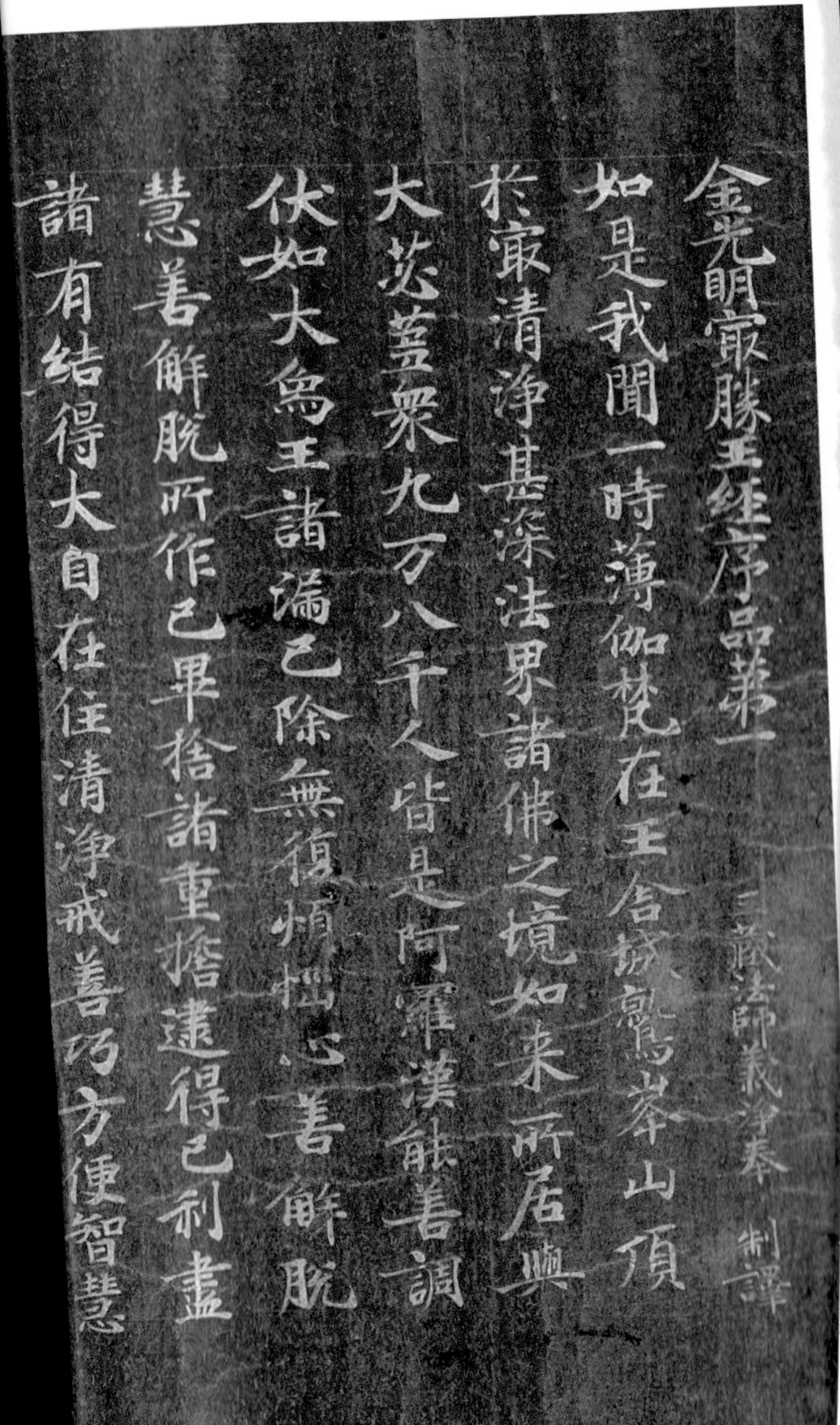

国宝 金光明最勝王経 巻第一（国分寺経）
画像提供：奈良国立博物館（撮影：森村欣司）

という行為はインドで始まり重視された大乗の特色であるが、それが筆録を重んじる中国に伝わった時、仏教の枠を越えて中国の伝統文化と結び付いたことにも注目する。

真面目な仏教を扱う第一章と対照的に、第二章は「酒・芸能・遊びと仏教の関係」と題して出家者たちが率先して仏教に娯楽を持ち込んだ様を説き明かす。執筆者の石井公成氏は仏教の生んだ芸能や言葉あそび研究の第一人者である。我々は仏教と笑いが関わると不謹慎とか堕落とかと言いがちだが、そうした通俗理解が実態とかけ離れていることに読者は驚くだろう。中国から日本や朝鮮半島・ヴェトナムで更に発展した仏教娯楽文化が概説される。めくるめく豊富な事例紹介は酒や芝居、芸能、音楽、舞踊、仏教語をもじった洒落や冗談にまで及ぶ。わたくしが想像するに、僧たちが仏教をネタに娯楽を展開した背景は、仏教の教えがもともと堅苦しいのと無縁ではなかった。生きるのは苦しく、この世は儚いと達観すればこそ、信者が思わず仏法に耳を傾けたくなるよう、誰もが楽しめる様々な笑いを仕掛け、教えに思わず引き込む術が必要だったのだろう。石井氏の軽妙な話術からぜひ愉快な仏教を存分に味わってほしい。

編者

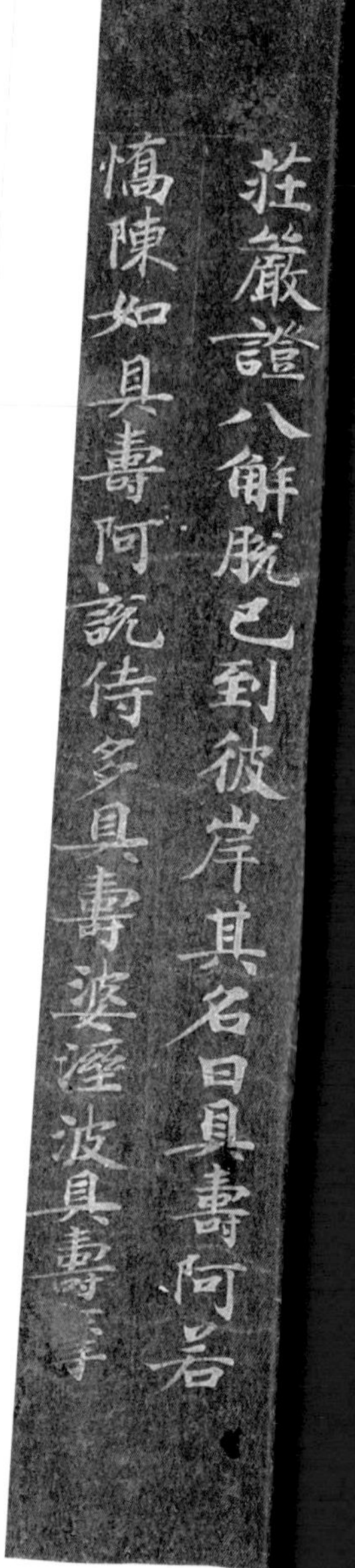

はしがき

シリーズ実践仏教第四巻『教えを信じ、教えを笑う』は、教えを実践することの文化的広がりを二つの観点から説き明かす。

第一章「写経と仏画——わが身で表す信仰」は、経典を自らの手で書き写す行為が信仰心と直に繋がることを解説する。執筆者の村田みお氏は、中国思想史における文字で書かれた仏教の教えと社会に現れた実際の文物（写本や建築造園・遺物など）の関連に格別の注意を払う。直接関連する原典資料を正確な現代語訳で示しながら、お経を口で唱えることと手で書写することの間にはどのような違いがあるか、お経の書写と救いの繋がり、写経する際の清らかさと穢れ、紺紙金泥に代表される金字の経典、自らの血液で書写する血字経などの事例を取り上げ、分かり易く解説する。また、紙等に経典を書く

はしがき

シリーズ実践仏教第四巻『教えを信じ、教えを笑う』は、教えを実践することの文化的広がりを二つの観点から説き明かす。

第一章「写経と仏画――わが身で表す信仰」は、経典を自らの手で書き写す行為が信仰心と直に繋がることを解説する。執筆者の村田みお氏は、中国思想史における文字で書かれた仏教の教えと社会に現れた実際の文物（写本や建築造園・遺物など）の関連に格別の注意を払う。直接関連する原典資料を正確な現代語訳で示しながら、お経を口で唱えることと手で書写することの間にはどのような違いがあるか、お経の書写と救いの繋がり、写経する際の清らかさと穢れ、紺紙金泥に代表される金字の経典、自らの血液で書写する血字経などの事例を取り上げ、分かり易く解説する。また、紙等に経典を書くという行為はインドで始まり重視された大乗の特色であるが、それが筆録を重んじる中国に伝わった時、仏教の枠を越えて中国の伝統文化と結び付いたことにも注目する。

真面目な仏教を扱う第一章と対照的に、第二章は「酒・芸能・遊びと仏教の関係」と題して出家者たちが率先して仏教に娯楽を持ち込んだ様を説き明かす。執筆者の石井公成氏は仏教の生んだ芸能や言葉あそび研究の第一人者である。我々は仏教と笑いが関わると不謹慎とか堕落とかと言いがちだが、そうした通俗理解が実態とかけ離れていることに読者は驚くだろう。中国から日本や朝鮮半島・ヴェトナムで更に発展した仏教娯楽文化が概説される。めくるめく豊富な事例紹介は酒や芝居、芸能、音楽、舞踊、仏教語をもじった洒落や冗談にまで及ぶ。わたくしが想像するに、僧たちが仏教をネタに娯楽を展開した背景は、仏教の教えがもともと堅苦しいのと無縁ではなかった。生きるのは苦しく、この世は儚いと達観すればこそ、信者が思わず仏法に耳を傾けたくなるよう、誰もが楽しめる様々な笑いを仕掛け、教えに思わず引き込む術が必要だったのだろう。石井氏の軽妙な話術からぜひ愉快な仏教を存分に味わってほしい。

編者

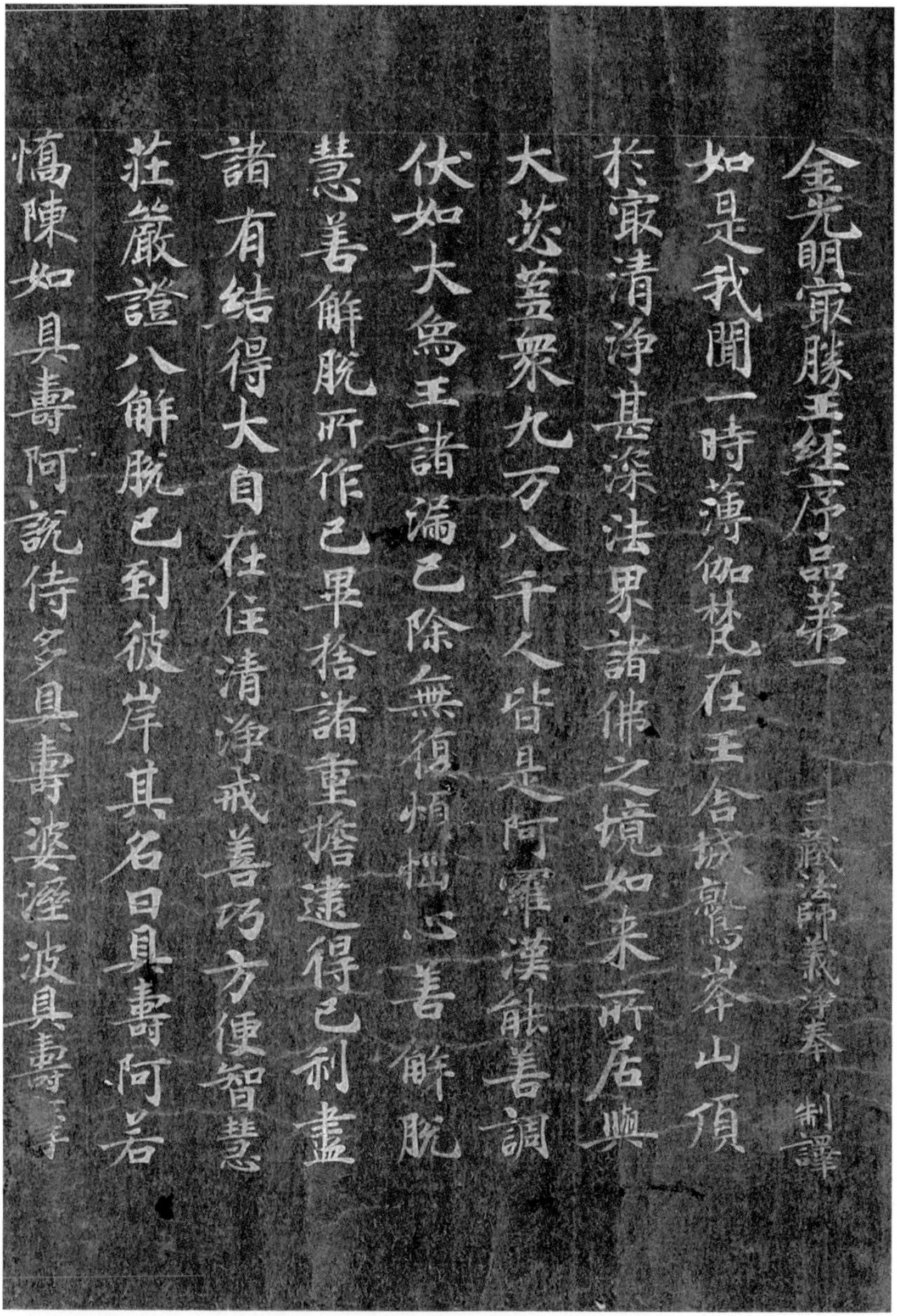
金光明最勝王經序品第一　三藏法師義淨奉　制譯
如是我聞一時薄伽梵在王舍城鷲峯山頂
於最清淨甚深法界諸佛之境如来所居與
大苾芻衆九万八千人皆是阿羅漢能善調
伏如大象王諸漏已除無復煩惱心善解脱
慧善解脱所作已畢捨諸重擔逮得己利盡
諸有結得大自在住清淨戒善巧方便智慧
荘嚴證八解脱已到彼岸其名曰具壽阿若
憍陳如具壽阿説侍多具壽婆澀波具壽

国宝　金光明最勝王経　巻第一（国分寺経）
画像提供：奈良国立博物館（撮影：森村欣司）

教えを信じ、教えを笑う

目次

目　次

第一章　写経と仏画

——わが身で表す信仰——

村田みお

はじめに

仏教の経典を書き写す。写経とは如何なる行為かと言えば、ほんのそれだけと言える。もとになる経典を見ながら書き写し、手書きでコピーを作る。経典の内容を考え理解したり、解釈したりすることは必要というわけではない。つまり、文字さえ書ければ誰にでもできることである。

このように写経は行為としては非常に単純なものである。では中国古代の人々が写経を実践した際にはどうだったのであろうか。ただ経典を書き写すだけで写経と呼べるが、そこには写経を実践した人々のどんな思いが込められていたのだろうか。どのように書き写したのか、どんな意義があると考えながらしていたのか、そうして書き写された経典を如何なる存在と捉えていたのだろうか。

紀元後一世紀頃には仏教が中国へと伝来し、三世紀から九世紀頃の六朝隋唐《りくちょうずいとう》時代に隆盛を迎えた。この六朝隋唐時代とは、書物の形態の移り変わりで言えば、写本の時代、すなわち手書きによる巻子本《かんすぼん》（巻物）の時代である。中国の書物の形態は、おおまかには三つに分けられる。木簡《もっかん》・竹簡《ちくかん》・帛《はく》（絹布）に手書きした時代、紙に手書きして巻物にした時代、紙に印刷して冊子にした時代である。部分的に併存はしていたものの、主要な形態の変遷としてはこの三種と考えてよい。

中国仏教が盛んになった六朝隋唐時代が、紙というコンパクトで軽くて便利な素材が普及した時代であったことは、写経の実践を促した大きな要因の一つであったろう。また、写経によって経典が広まったことで、中国仏教の一層の隆盛を促したとも言えるだろう。

写経という宗教的実践には、文字が書けることだけが必須であり、深い教養や高い理解力は必須ではない。紙や筆以外に特別な道具も必要ない。そのため、教育レベルや地位や富によって狭い範囲に限定されることなく、皇帝、高僧から一般の民衆まで、非常に広い範囲で行われた。中国における宗教的実践を考える上で、このように広範囲で行われた写経は、様々な社会的階層を縦断して理解するための恰好の題材と言えるだろう。

この章では、写経という行為に人々が込めた願いと意味を解き明かしていきたい。そこには、人々に共通のものもあれば、民衆には民衆の、皇帝には皇帝の、僧侶には僧侶の願いや意味がある。写経が行われるようになった根本から、中国での展開、そして日本への波及まで、順を追って辿っていこう。

また、仏陀の教えを記した経典だけでなく、仏陀の姿も絵画にされ、幅広く人々の眼に触れた。仏画を描く、仏画を見るという行為にも、やはり当時の人々の願いが込められている。この章で仏画全般について述べる準備はないが、その一端に触れてみたい。

一　写経の功徳、奇跡と救済

経典の中での写経

ある宗教に帰依する人々は、その宗教の経典に書かれていることを考え方や行動の拠り所とする。キリスト教なら聖書、イスラム教ならコーラン（クルアーン）がその最たるものであり、仏教なら仏教経典である。経典に書かれていることは、人々への教え、導きであり、人々はそれに沿って生き、行動していくのである。

　ではそもそも写経は、仏教経典の中でどのように教えられているのだろうか。まずは主要な漢訳経典の中での写経に関する記述を見ていくこととしよう。

大乗仏教以前にはほとんど説かれなかった

　仏教全体の歴史で言うと、古くは初期仏教（原始仏教）から始まり、そこから小乗（部派仏教や声聞《しょうもん》乗とも言う）仏教が起こり、その後大乗仏教が生まれた。大乗仏教以前の経典は、漢訳の大蔵経（一切経とも呼ばれ、仏教の経・律・論、及びその他の関連文献を集成したもの）では阿含《あごん》部（阿含はアーガマの音写、原始仏教経典を指す）に収められているが、その中では経典の書写を説くことは非常にまれである。僅かに見られる例としては、『増壹阿含《ぞういちあごん》経』（東晋《とうしん》・瞿曇僧伽提婆《くどんそうぎゃだいば》訳）序品《じょほん》の中に「もし経巻を書写するものがいるなら、色鮮やかな絹織物や傘で守り供養する」（大正二・五五〇下。この表記は大正新脩大蔵経第二巻・五五〇頁下段を指す。以下同様）とあるが、これ以外には皆無と言ってよいだろう。そもそもインドにおいては、経典は文字ではなく口承で伝えられるものであり、原始仏教や小乗仏教でもやはり口承であった。大乗仏教が発生する以前においては、経典を書き写すことが経典の中で奨励されることはほぼなかったのである。

大乗仏教の経典では普遍的な教え

大乗仏教の経典はおおよそ西暦紀元前後頃から編纂されていった。大乗仏教の経典になると、「もし経典を書写、受持《じゅじ》（心に信じて忘れないこと）、読誦《どくじゅ》、解説すれば、大きな福徳を得られる」という意味の文言が諸々の経典の中に幅広く、かつ多数見られる。写経をすれば功徳《くどく》（善い行いとそれが報われること）を得られると教えるのである。これは大乗仏教が在家者を重視した仏教であり、仏教の専門家である出家者主体の小乗仏教とは異なっていたためであろう。小乗仏教では出家の専門家たちが経典を完全に記憶して正しく伝えられたが、それは一般社会で働きながら暮らしている在家者には困難である。また新興であった大乗仏教は、できるだけ速やかに、かつ多くの人に経典を普及させ、世の人々に認知されることを目指していた。そこで文字によって経典を書き写し、当時の世の中に広め、後世へ残していく必要があったのである。

例えば『金剛般若波羅蜜《こんごうはんにゃはらみつ》経』（後秦《こうしん》・鳩摩羅什《くまらじゅう》訳。智慧の完成を説く般若経典の一つ、空《くう》という語を用いないのを特徴とする）には「もしこの経典を耳にして、信じて従うのであれば、その福は彼（我が身を布施する人）よりも勝る。ましてや書写、受持、読誦し、人のために解説するのであればなおさらだ」（大正八・七五〇下）とある。また『大般涅槃《だいはつねはん》経』（北涼《ほくりょう》・曇無讖《どんむしん》訳、北本。大乗の涅槃経で、法身の不滅と仏性の遍在を説く）光明遍照高貴徳王菩薩《こうみょうへんしょうこうきとくおうぼさつ》品には「もし書写、読誦、通暁し、他人のために広く説き聞かせ、その意味をよく考えられるなら、一切諸法の義理が分かる」（大正一二・四八七中）と述べられている。

枚挙に暇がないのでこれ以上の例は控えるが、このように経典を書写することを礼讃し、その行為が如何に価値があるか、それを行えばどんな良いことがあるかを説く文言は、大乗経典の中に広く普遍的に見られる。大乗仏教全体の修行の体系の中で、写経が受持や読誦と並ぶ基本的な実践と位置づけられていることがよく分かる。

十種類の修行の第一歩

大乗仏教において、経典の書写は様々な修行を実践して自分を高めていくための最初の一歩とも位置づけられる。『勝天王般若波羅蜜経《しょうてんのうはんにゃはらみつ》』『無上依経《むじょうえ》』『攝大乗論釈《しょうだいじょうろんしゃく》』『中辺分別論《ちゅうへんふんべつろん》』といった経典および論書（解説書）では、経典を受持していくための方法十種類うち、第一に数え上げられている。例えば『勝天王般若波羅蜜経』（陳・月婆首那《がつばしゅな》訳）付嘱《ふしょく》品では次のように述べられる。

> 仏が阿難に告げた。この経典を受持するには十種類の方法がある。何が十なのか。一は書写、二は供養《くよう》、三は流伝《るでん》、四は諦聴《たいちょう》、五は自読、六は憶持《おくじ》、七は広説、八は口誦《くじゅ》、九は思惟《しゆい》、十は修行である。
>
> （大正七・七二五上）

他でもほぼ同じ内容が同じ順序で述べられているため、ランダムなわけではなく、十種類の並び方には意味が込められていると考えてよいだろう。

この十種の順序は、経典を書き写して新たなコピーを作り、供養し、流布させるという外的な事柄から、経典を聴き、読み、覚えるという内的な方向へと展開している。それはつまり、大乗仏教の教えを自分のものにしていくためには、具体的にどのようなステップで実践していくべきかを教えるのであり、写経はその第一歩と位置づけられているのである。文字さえ書ければできるという実践のための必要条件の少なさは最初のステップに相応しいものであり、さらなる深い実践へと進んでいくための入り口となったのである。

写経の功徳――自分でする、人にさせる

手を動かして経典を書き写すことは大乗仏教において価値ある実践であり、行う者に功徳をもたらす。またそれだけでなく、人に写経を勧めることにも功徳の意味が与えられていた。

そのことは、種々の大乗経典に説かれる「自分で書いたり、人に書かせたりする」という文言に表れている。一例としては、『妙《みょう》法《ほう》蓮《れん》華《げ》経』（後秦・鳩摩羅什訳。大乗仏教初期に成立した経典で、唯一の真理・永遠の仏・菩薩行を特色とする）薬《やく》王《おう》菩《ぼ》薩《さつ》本《ほん》事《じ》品には「この法華経を聞くことができ、自分で書いたり、人に書かせたりしたら、得られる功徳は仏の智慧で如何ほどかを見積もろうにも計り知れない」（大正九・五四中）とある。

言ってみれば、自分の手で写経しなくても、他の人にするよう勧めれば、間接的な写経として価値が認められ、功徳が与えられるのである。このことは中国北西部のシルクロード上に位置する敦《とん》煌《こう》（甘《かん》粛《しゅく》省北西部）で発見された数多くの仏教経典写本にも見てとれる。一九〇〇年に敦煌の莫《ばっ》高《こう》窟《くつ》から発見

された写本群は、敦煌文書《もんじょ》や敦煌文献、敦煌遺書《いしょ》と呼ばれており、現在は主としてイギリス・フランス・中国で所蔵されている。敦煌文書の大部分は仏教経典であり、それらの多くは経生《きょうせい》（経典専門の書写者）によって書かれている。また僧侶の伝記の類に伝承されている様々な写経に関しての逸話にも、経生や書生がしばしば登場する。経生に写経を依頼した場合、出資者である施主《せしゅ》も功徳を得ると考えられたのは、このような大乗仏教の教説から発生しているのである。

流通量を増やして布教を進める——口承から書写へ

大乗仏教において写経がこのように幅広く強調された理由は一体何なのだろうか。それは、十種類の修行の三番目に「流伝《るでん》」が挙げられていることと密接に関わっている。また諸々の経典で「流布」「流《る》通《ずう》」が説かれることからも明らかである。例えば『妙法蓮華経』普賢菩薩勧発《ふげんぼさつかんほつ》品には「世尊。私は今、神通力によってこの経典を守護し、如来《にょらい》が滅した後の閻浮提《えんぶだい》（我々が住んでいるこの世界）において、幅広く流布させ、途絶えないようにさせます」（大正九・六一下）、『大般涅槃経』寿命《じゅみょう》品には「あるいは書写、受持、読誦する衆生がおり、教えの通りに修行し、そのようにして大乗の経典を流布させる」（大正一二・三七一上）とある。経典を書き写してコピーを作成することは、すなわち世の中に流通する経典の数量を増加させるのであり、それによって大乗仏教の布教をより推し進めることにつながるのである。

大乗仏教以前には、経典の中心的な伝達方法は口承であった。経典は記憶され、口頭で伝えられるのが主だったのである。それが大乗仏教になると、初期段階で書写が主要な伝達方法となった。大乗の諸経典で写経をすれば功徳が得られると教え、写経を奨励したことによって、速やかな勢力の拡大が可能となり、大乗仏教の発展に大きく寄与したことは想像に難くない。

中国仏教への継承

写経とは功徳を積むための重要な修行の一つであり、また一方では布教を推進するための方法でもあった。このような経典書写の位置づけは、後に中国で作られた経典にも受け継がれていく。中国で作られた経典とは、いわゆる偽経《ぎきょう》（偽造された経典、外国語から翻訳されたのではない経典）のことであり、中国の人々が漢訳された仏教経典を模倣して作ったものを指す。これは中国外から見れば偽物の経典ということになるが、中国の人々にとっては自分たちのために自分たちで作った経典なのであり、中国仏教を理解する上では重要な価値を持つのである。

例えば五世紀後半に中国で成立したとされる『梵網経《ぼんもう》』は、大乗の菩薩戒《ぼさつかい》を説く重要な経典であり、日本にも大きな影響を及ぼした。『梵網経』の中には「汝ら一切の大衆《だいじゅ》、または国王、……菩薩戒を守り従う者は、仏性常住（仏となる本性が常に存在すること）の戒を記した巻物を受持、読誦、解説、書写し、三世（過去・現在・未来）に流通させるべし」（大正二四・一〇〇九中）とある。また南斉初の成立と考えられる『無量義経《むりょうぎ》』には「謹んで仏からの勅命《ちょくめい》を受け、如来が滅した後に、広くこの経典を流布させ、あまねく全ての者に受持、読誦、書写、供養させるべし」（大正九・三八九中）と記されている。

このように、経典の書写が大乗のごく基本的な教えとして中国にも受け継がれ、定型化されていたことが伺い知れる。

経巻の崇拝と供養——モノの神聖視

大乗の十種類の修行の中で、書写の次の二番目は経巻の供養《くよう》であった。経巻供養の功徳は、様々な大乗経典の中で特に大品《たいぼん》系般若経（般若経群は系統によって小品《しょうぼん》系・大品系に分かれる）と法華経において称賛される。既に触れた『増壱阿含経』にも「色鮮やかな絹織物や傘で守り供養する」とあったが、このような物品による供養がとりわけ顕著に強調される経典としては、『妙法蓮華経』を挙げることができる。例えば同経の法師《ほっし》品には次のようにある。

もしこの妙法蓮華経を、または偈《げ》（仏菩薩を頌《たた》える詞句）一つでも受持、読誦、解説、書写したり、この経巻に対して仏のように敬意を払い、花、香、首飾り、抹香《まっこう》、塗香《ずこう》、焼香《しょうこう》、傘、旗、衣服、音楽と踊りによって供養し、また合掌して敬うなら、薬王よ、まさに知るべし、これらの人々はもう十万億の仏を供養したのである。

（大正九・三〇下）

このように様々な供え物を経巻に捧げるという行為は、「この経巻に対して仏のように敬意を払い」とあるように、経巻を単なる文字情報や伝達手段と捉えるのではなく、仏に等しいものとして崇拝することに起因している。

仏菩薩に等しい存在、悟りの場

このような経巻を崇拝するという思想もまた各種の大乗経典にしばしば見られるものである。例えば『金剛般若波羅蜜経』には次のように説かれている。

この経の全体を、はては最も短い四句一偈等でもよいから経文そのままに説くなら、この場のあらゆる世間、天、人、阿修羅《あしゅら》はみなそれを仏の塔廟《とうびょう》のように供養するにちがいないと知りなさい。……この経典が存在している場所ならば、それは仏や優れた仏弟子がいるということである。

（大正八・七五〇上）

また『妙法蓮華経』法師品にはこう述べられている。

経巻が存在する場所であれば、全て七宝《しっぽう》の塔を建て、高く広くして美しく飾らせるべきであり、舎利《しゃり》（仏の遺骨）を安置する必要はない。それは何故か。この中にはすでに如来の全身があるからだ。この塔はあらゆる花と香、首飾り、傘、旗、衣服、音楽と踊り、歌によって、供養して敬い、尊んで賛嘆すべし。

（大正九・三一中）

「仏や優れた仏弟子」「如来の全身」という言葉で表されているように、経巻とはすなわち仏菩薩に等しい存在とされた。それ故に、煌びやかに荘厳《しょうごん》された大きな仏塔《ぶっとう》を建て、種々の供え物によって供養する対象とされたのである。

また、経巻が存在する場所は供養の対象となるだけでなく、悟りの場ともされた。例えば『妙法蓮華経』如来神力品《にょらいじんりきほん》には「経典のある場所がすなわち道場であり、諸仏はここでこの上なく完全な悟りを得、ここで法輪《ほうりん》を回し、ここで完全なる涅槃《ねはん》に入る」（大正九・五二上）、『大般涅槃経』如来性品《にょらいしょうほん》には「この大いなる涅槃の妙なる経典が流布している場所は、その地が金剛なのであり、その中の人々もまた金剛のようだと知りなさい」（大正一二・三九八中）とある。ある場所に経巻がもたらされることで、そこが悟りの場となり、また眩《まばゆ》く堅固な宗教世界へと変容するのである。

色身と法身の概念

経巻を崇拝する考え方の背景には、色身《しきしん》と法身《ほっしん》という概念がある。色身とは形ある物質的存在としてこの世に現れた仏陀の身体のことであり、それに対して法身とは本質的で絶対的な真理としての仏陀を指す。仏舎利《ぶっしゃり》や仏髪《ぶっぱつ》、仏牙《ぶつげ》といった仏の遺物を崇めることは、歴史的に存在した仏、つまり色身への崇拝と呼べる。これはキリスト教で盛んであった聖遺物《せいいぶつ》（イエスやマリア、聖人たちの遺骸や遺品）崇拝と非常に似通ったものである。一方、これまでに見てきたような経巻の崇拝は、仏の教えを記したものであり、形ある物質でありつつも本質的真理を示す点で法身を具象化したものと位置づけられる。経巻崇拝とは、本来は無形である法身を経巻という形にして物質的に崇拝する行為なのである。

このような経巻崇拝は、盛んになった舎利崇拝への対抗の意味を持っている。それは既に見た『妙法蓮華経』法師品の「舎利を安置する必要はない」という言葉や、また『摩訶般若波羅蜜経《まかはんにゃはらみつ》』（後秦・鳩摩羅什訳。般若経典の一つ、大品系の漢訳で最も普及した）法称品《ほっしょう》に「舎利と経巻があるならば、むしろ経巻をとる」（大正八・二九〇中）という問答にも表れている。聖遺物である舎利を崇拝することへの批判であり、死後の遺骨ではなく、真理そのものを尊崇すべしというメッセージが込められているのである。

経典の布施――仏法を与える、仏法の具象化

次に十種の修行の三番目である流伝《るでん》について考えてみよう。流伝は流布、流通とも称され、世の中に経典を広めることである。では広めるための具体的な行動は何かというと、それはすなわち経典を人に与えることである。流伝とは言い換えれば経巻の布施であり、写経して他者にそれを与えるという行為には、布施の功徳の意味が込められている。

さらに布施の分類から考えると、経典の布施は時に布施の一種である法施《ほうせ》に含まれる。布施はしばしば法施（教えを説いて与える）・財施《ざいせ》（物資を与える）の二つに分けられ、またそれに無畏施《むいせ》（怖れを取り除いてやる）を加えた三施《さんせ》としてもよく知られている。日々の生活の糧となるような物品を与える財施に対して、法施とは仏法を人に与えることを指し、例えば『増壱阿含経』有無品《うむ》に「布施の中で上位というと、法施を超えるものはない」（大正二・五七七中）とされるように、布施の中で最上とされる。

大乗経典に目を向けると、『摩訶般若波羅蜜経』にはまさしく法施品と名付けられた章があり、「知るべし、善男子《ぜんなんし》、善女人《ぜんにょにん》よ、般若波羅蜜の経巻を書き、他の人に与え、書いたり受持したり読誦したり解説させたら、多くの福を得られることを」（大正八・二九四上）というように、経巻を与えることの功徳が繰り返し説かれている。また、在家の菩薩戒を説く『優婆塞戒経《うばそくかいきょう》』（北涼・曇無讖訳）では「紙と墨で人に書写させたり、自分で如来の正しき経典を書写して、それから人に施して読誦できるようにさせるのを、法施と名付ける」（大正二四・一〇五九中）とされる。

一般的な法施のイメージは口頭で教えを説いて聞かせることである。そこに、経巻の存在を仏と等しいとする考え方が加わることで、物品である経巻もまた仏法を載せ伝えるものとして法施の概念に含まれるようになった。究極の真理である仏法は、口承で伝えられている段階では音声であったが、それが文字によって何らかの媒体に定着されることで形ある物質へと変容した。それに伴い、経巻という物品の供養と布施が重視されるようになり、それらを実践することに功徳の意味が込められたのである。

筆や紙の布施

写経に関連する布施にはさらに、筆や紙といった書写の道具や材料も挙げられる。筆記用具を他者に与えることを重要な布施に数える経典としては『阿差末菩薩経《あさまつぼさつきょう》』『菩薩善戒経《ぼさつぜんかいきょう》』『大方等大集経《だいほうどうだいじっきょう》』等がある。例えば『阿差末菩薩経』（西晋《せいしん》・竺法護《じくほうご》訳）巻六には次のように述べられている。

智慧《ちえ》の実践とは、四つの物を施したら成し遂げられる。一つには紙・竹（竹簡）・帛（絹地）を施すこと。二つには筆を施して、経典を写させること。三つにはよい墨とよい硯《すずり》を施すこと。四つには法師が説くいくばくかの教えを……

（大正一三・六〇五下）

紙・墨・筆・硯といった筆記用具を他者に布施することにも功徳があるとされた。このような筆記用具の布施もやはり経典書写を勧めることへとつながっており、写経と流布を推進する一つの方法であった。

写経と救済――六朝隋唐期の奇跡と救済の物語

ここまで、漢訳経典において経典書写は重要な実践修行と布教推進の方法として幅広く推奨され、仏法を具象化したものとして、書写された経巻の供養と布施にも大きな功徳が認められたことを述べてきた。

このような経巻の書写・供養・布施が備える功徳という考え方や、経巻崇拝の思想をもとにして、六《りく》朝《ちょう》隋唐《ずいとう》期（三〜九世紀頃）の中国では写経にまつわる様々な物語が生み出された。写経をしたことによって奇跡が起こったり、苦境から救済されるといった物語である。例えば『高僧伝《こうそうでん》』（梁《りょう》・慧皎《えこう》著。梁代までの僧侶の伝記集）を始めとする僧侶の伝記や、不思議な出来事を記した霊験記《れいげんき》、経典に関する伝記の類には、聖性を帯びた経巻による奇跡の発現や、写経の功徳による救済の物語が多数見出せる。

この種の逸話は六朝期から伝えられており、さらに隋唐期にかけて増加していった。そのことは、例えば唐代に編纂された『集神州三宝感通録《じゅうじんしゅうさんぼうかんずうろく》』（唐・道宣《どうせん》著）に瑞経《ずいきょう》録、『弘賛法華伝《ぐさんほっけでん》』（唐・慧詳《えしょう》著）に書写篇、『法華経伝記《ほけきょうでんき》』（唐・僧詳《そうしょう》著）に書写救苦篇、『華厳経伝記《けごんぎょうでんき》』（唐・法蔵《ほうぞう》著）に書写篇というように、写経にまつわるエピソードを専門に集めた章が設けられていることに端的に表れている。

そこでここからは、六朝隋唐期に生み出された様々な物語を挙げながら、それらに反映されている人々の願いや、写経の実践と意味づけについて見ていこう。

追善写経――亡くなった誰かを救うため

写経によって救済される物語は、どのような苦境から救済されるのか、という点で幾つかの典型的な例を挙げることができる。よく見られるシチュエーションは、地獄や餓鬼道《がきどう》からの脱却、極楽往生《ごくらくおうじょう》、病気の治癒、延命といったものであり、これらの要素が複数合わさっている場合もある。

こうした救済の物語では、写経を実践するのは救われたい人自身ではない場合がかなり多い。つまり、既に亡くなって死後にあの世で苦境に陥っている人のために、まだ生きている誰かが代わりに写経をして、その功徳によって救ってやる、という筋立てである。

このように亡くなった誰かのために行うことは追福《ついふく》や追薦《ついぜん》、追善《ついぜん》と呼ばれる。現代日本においても追善供養という言葉はかなり一般的に知られているだろう。追善供養とは死者の冥福を祈って行われる供養である。これはつまり、仏を供養することで功徳を積み、その功徳を自分や他の生者ではなく、亡くなった人に後から使うのである。それはその人が死後に地獄等で苦しんでいるかもしれないからである。そもそも、仏教における様々な実践は、第一の基本としては行う者自身が悟りへと近づくためである。写経が推奨されるのも、写経する人が自分の功徳として行うのが基本である。しかし仏教ではいわゆる廻向《えこう》（自分の功徳を他者に振り向ける）が可能であり、功徳を他の人にも分け与えることができる。そこで既に亡くなった他者のために家族や友人が写経したのである。追善写経の物語は、親しい誰かが死後に苦しんでいるのではないか、その人のために自分にも何かできることはないのか、という人々の思いを反映している。写経という具体的かつ行いやすい手立てを提示することでそのような思いを解消させるとともに、さらなる写経と流布を人々に勧めることができるのである。

餓鬼道からの救済

仏教では人は死んではまた別のものに生まれ変わるとされており、このことを輪廻《りんね》と呼ぶ。また生まれ変わりうる境遇には五ないし六種類あり、地獄・餓鬼・畜生《ちくしょう》・阿修羅《あしゅら》（鬼神）・人・天に分かれる。これらの間で輪廻することを六道輪廻《ろくどうりんね》とも言う。人より下の、特に三悪道《さんあくどう》や三悪趣《さんあくしゅ》と呼ばれる地獄・餓鬼・畜生に輪廻することは、この教えを信じる者にとって大きな恐怖であろう。そして写経はこのような苦境から逃れ出る術の一つとされたのである。梁代までの高徳の僧侶たちの伝記を集めた『高僧伝』巻十二誦経《ずきょう》篇の慧果《えか》伝には、経典を作ったことによって餓鬼道から救われる物語が述べられている。

かつて便所で鬼《き》（幽霊）を目にしたところ、慧果に敬意を表して言った。「昔僧たちのために維那《いな》（寺の雑務管理者）になったのですが、少しばかり法に背いたため、糞便を食らう鬼の中に堕とされてしまいました。……昔は三千銭あり、柿の木の根元に埋めてありますから、どうかその金を取って福を得られるような善行をしてください」。慧果はそこで皆に言って掘り出すと、果たして三千銭が手に入ったので、鬼のために『法華《ほけ》経』を一部作り、法会を行った。後にまたこの鬼を夢に見たところ、「もう生まれ変わることができました、以前よりもずっといいです」と言った。

（大正五〇・四〇七中）

鬼というのは中国においては亡霊を指す。生前は僧侶で、雑務を監督する立場を務めていたが、仏法の決まり通りにしなかったことがあったため、死後に糞便を食べる餓鬼たちの所に生まれ変わってしまった。頼まれた慧果が金を掘り出して『法華経』を作ってやると、その功徳によってよりよい境遇に生まれ変わることができたのである。

畜生道からの救済

畜生道に輪廻した場合は、この世の様々な動物に生まれ変わることになる。ほんの短い命の虫けらの場合もあれば、熊や狼、犬猫やその他家畜の場合も考えられる。自分にとって大切だった誰かが今は虫けらや獣になっているのではという怖れを持つことになる。日々の食卓の上やその他生活の中で触れる様々な生き物に対して抱くこの怖れは人々への戒めとなり、また畜生道からの救いを願うこととなる。例えば『法華経伝記』巻七に載せられた唐の寡妾《かしょう》の条には次のように語られている。

綿州に夫を亡くした妾がいた。亡くなった夫のために『法華経』を書こうと思い、そこで百文の銭で書生を雇って、清らかな部屋で書写させた。一頭の牛がやってきて、経典を書くための部屋の前で死んだ。妾は奇妙なことだと驚き怖れた。夢に沙門《しゃもん》が一人現れ、女に言った。「牛はそなたの夫である。他人の田んぼの粟を盗んだので、牛の身に生まれかわり、田んぼの主にこき使われていた。妙法を写したおかげで、牛の身を捨て天に生まれることができた」。

この物語では夫が盗みの報いをうけて家畜である牛に生まれ変わり、盗んだ相手に使役される立場となっている。悪行には如何なる報いがあるかを教えるとともに、写経での救済を説く内容である。またこの話の中には「清らかな部屋（浄室）」「経典を書くための部屋（経室）」という言葉が見られる。後ほどあらためて述べるように、写経に関する逸話では写経専用の部屋が登場し、その場の清らかさが強調される。

地獄からの救済

『冥報記《めいほうき》』（唐・唐臨《とうりん》著）巻中に見られる隋の大業《たいぎょう》年間（六〇五～六一八）の客僧《きゃくそう》の条には、地獄に堕ちた仲間を救い出す物語が語られている。隋の時代に泊まる者が死んでしまうという神廟があり、ある僧侶がそこに宿を借りた。夜になると神が現れて、僧に礼拝して師と呼び、死者に会わせてくれると言う。そうして神に地獄へと連れていってもらった彼は、亡くなった同門の僧が火の中で悶え苦しむ凄惨な有様を眼にする。そして物語は次のように展開していく。

僧は悲しくなり立ち去りたいと求めたら、たちまち神廟に着いた。また神とともに坐り、「同門の仲間を助けたいのだが、できるだろうか」と尋ねた。神は言った。「おできになりますとも。彼のために『法華経』を写せたら逃れられます」。間もなく夜が明けようとして、神は立ち去り、僧は堂に入った。朝になって神廟の役人は僧がまだ生きているのを眼にして、不思議なことだと思った。そこで僧は話をして聞かせ、すぐに『法華経』一部を書写した。経が出来上がったら美しく装幀《そうてい》し、またもや経を携えて神廟に泊まった。その夜、最初と同じように神が現れ、喜んで礼拝し、どのような御用向きでしょうかと挨拶した。僧は用件を話した。神は言った。「弟子である私は存じております。師が写経なさったら、題目を書き上げたばかりの時に、彼はもう抜け出せました。今ではとうに生まれ変わって、あそこにはおりません。ところでここは清らかではないので、経を置いてはおけません。師がお帰りになって経をお寺へ送り届けられますようお願いいたします」。長々と言葉を交わして夜が明けようとすると、暇乞《いとまご》いして立ち去り、経を寺に届けた。

（大正五一・七九一中）

この物語では、題名を書いただけで救われたという点が特徴である。話の中で僧侶は『法華経』を全て書写し、装幀もするのだが、実は題名を書き終わった時点でもう救われていたという結果が後になって告げられる。このような筋書きには、写経して経巻を仕上げるという行為そのものよりも、誰かを救ってあげたいという意思に重点が置かれていることが窺える。また経典の題名を書くというほんの僅かな行為でも大きな福徳が得られるのを強調するためでもあるだろう。

紙を買っただけで救われる

このような筋書きをより極端にしたのが、写経のための紙を買っただけで極楽往生が果たされたとする物語である。例えば『弘賛法華伝』巻十に載せられた陳《ちん》の法蔵《ほうぞう》の条では、法蔵の後妻が亡くなる。後妻は死後に地獄で牛の頭をした獄卒に刺股《さすまた》で突かれて煮え湯に浸けられ、苛《さいな》まれている。そして彼女は法蔵に告げる。

「前妻は自然に死んだのであって、私がやったのではありません。あなたの包みの中には五百銭ございます。家には牛がおり、千五百の価値があります。家に帰ってお母様に相談し、力を尽くして私のために『法華経』を写して下されば、私はすぐにこの苦しみから逃れられます。私のこの言葉をお母様に伝えて伺って下さいまし」。法蔵が帰って母に相談し牛を売ると、ちょうど千五百になった。すぐさま経生を呼んで紙を買った。そこで法蔵は出かけて、さらに妻の住まいを探した。

法蔵が門を叩いただけで、その家から遠くで答えるのが聞こえた。「あなたの新しい妻は昨日紙を買った時にもう天に生まれました」。この人は驚喜して、益々信心深くなり、手に入れた財産はいつも『法華経』を写すのに使った。

（大正五一・四五下）

また同じく巻十の何玄玲《かげんれい》の条にも、夫が妻のために紙を買って救われる話が見える。何玄玲は死後に冥界の役人となっていた。ある時、何玄玲の同郷の人が死んで冥界にやって来たが、間違いだったのでまた帰ろうとした所、同じ村の老女に出くわした。地獄で苦しんでいた彼女はこう頼んだ。

「我が夫にお伝えいただけますか。私のために『法華経』を一部作れば、ここから出るのを許されますと。お帰りになってから十日したら、あなたは私に知らせなさるがよい。村の南の水際でな」。同郷の人は蘇ると、すぐにその夫を呼んで彼女のために写経するよう言った。夫は急いで一緒に紙を買って来て、それを渡して写させた。同郷の人は約束の日になったので水辺に行くと、なんと別の老婆に出会った。老婆は「あなたが以前写経をお願いした方ですかな」と言った。同郷の人は「そうです」と答えた。老婆は言った。「前の婦人は、夫があの人のために紙を買った日に、もう天に往生しましたので、約束通りにあなたと今日会うことができませんでした。そこで言伝《ことづて》を残して、私にお知らせさせたのです」。言い終わるとそのまま見えなくなってしまった。

（大正五一・四六中）

出来上がった経巻よりも、作ろうとした思いが大切

以上に紹介した物語では、題名を書いただけ、または紙を買っただけで救いがもたらされている。後者の場合は書き始めてすらおらず、写経のための準備段階に過ぎない。本来、功徳は写経という行為に対して与えられるものである。しかしながらこのような筋書きにおいては、功徳が写経という具体的行為やそれによって作られた経巻から乖離《かいり》し、行動の起点へと遡《さかのぼ》らされているのである。

先ほども述べたように、このような物語では人を救おうという意思に重点が置かれていると言える。他者を救おうと真剣に願うことは、仏教で言う所の発願《ほつがん》（悟りや救済の誓いをたてること）に当たる。発願することの精神的価値の重視がこれらの物語の背後に潜んでいる。つまり、題名の書写や紙を買うというごく僅かな行為でも、その人の発願がいかに真実であるかが既に表明されているのであり、そうであるがために、ほんの少し行動に移しただけでも救いを得るに値するとされるのである。

病気の治癒、蘇生、延命

写経にまつわる物語には、病気や寿命に関するストーリーも多く見られる。例えば『法華経伝記』巻七に載せられた唐の李健安《りけんあん》の条は、病身の若者が両親と自分自身のために写経する物語である。

唐の溜州の李健安は、当年とって十八歳、関節痛の病に苦しんでいた。両親は心配のあまり何も喉を通らぬほどであった。健安はそれを目にしてますます悲しみ、こう思案した。「私は両親のため、

病から逃れ出るために、自分で『法華経』を写そう」。そこで黄檗《おうばく》で染めた紙を手に入れ、写経しようとしたのだが、手が震えて書くことができず、何とか第一巻だけを作った。明らかにその字の形は鳥の足跡のようで、見ても何の字か分からなかった。代わりに他の経生を雇い、他の部屋で書写させた。まだ第一巻を仕上げぬうちに、健安はもう死んでしまった。ただ胸のあたりだけが暖かかった。経生は仕事を投げ出して逃げ去った。健安は一昼夜たってからやっと息を吹き返すと、関節痛の病は不意に治ってしまっており、身軽で健やかな体になっていた。冥界での出来事を次のように語った。「私が死んだばかりの時、名簿を持った使者に会い、縛られて大きな城の側に連れて行かれ立っていた。その時一人の童子《どうじ》が現れ、手に白い払子《ほっす》を持って私の体を撫でた。体は涼やかで、楽しく安らかな気持ちになった。その時城の中から役人が一人出てきて、百千にのぼる配下の者が付き従っていた。役人は私に礼をして「あなたの名前は名簿の中にあります。あなたは鼠を一匹わざと殺し、首を縛って息が出来なくさせました。この因縁のために王があなたを召し出されたのです。しかしあなたは両親のために『法華経』の題名を書きました。この善根（よい果報をもたらすもと）のお陰で、文殊《もんじゅ》菩薩が助けにやってきたからこそ、以前の病気が治ったのです。あなたの経典はまだ第一巻も仕上げておらず、経生は怖がって逃げ去りましたが、あなたにはもう大きな善行がありますから、余命は八十二歳になり、親も定められた寿命を延ばし、各々九十歳となりましょう」と言い、話し終わると城に入っていった。童子がまた帰り道を示してくれ、生き返ることができた」。聞いた人はめったにないことだと賛嘆した。健安と両親は家財を投じて『法華経』を十部作り、僧侶に供養を頼んだ。その経巻は今でも大きなお寺に納められている。

（大正五一・八二中）

地獄めぐりと救済

この李健安の物語に見られるような仮死状態《かし》――冥界巡り《めいかい》――蘇生《そせい》というストーリーは、様々な霊験《れいげん》記《き》においても常套的な筋書きである。この他の写経にまつわる物語の中にもよく似た話があるし、仏教以外に道教の霊験記でも類似の筋書きが見出せる。

前に紹介した追善写経の物語は生者が死者のために行うものであったが、李健安の物語では自分自身の写経の功徳によって救済を得る点が特徴的である。一度は死ぬものの、死の直前にした善行によって命を長らえるのである。また、自分自身の写経によって蘇生できただけでなく、それまで苦しんでいた病の治癒と、さらには自分と両親の寿命まで延ばしてもらっている。十八歳であった李健安は八十二歳の余命を与えられ、すなわち百歳の寿命を手に入れたのである。

また、既に紹介した『冥報記』の客僧の物語と同じように、経典の題目を書写しただけで救われるというモチーフがここでも繰り返されている。書写される経典はいずれも『法華経』であり、後に日本鎌倉期の日蓮《にちれん》によって「南無妙法蓮華経《なむみょうほうれんげきょう》」と誦える唱題が行われたことに何らかの影響がある可能性も考えられる。

李健安の物語の場合、病気のために手が震え、何とか自分で書いた第一巻はとても読めないような字になってしまった。しかし、書かれた経巻の出来がどうかではなく、病身をおして自ら書写しようとしたという点が、経題のモチーフと合わさって、発願の精神的価値の高さをより一層強めた筋書きとなっているだろう。

願望を映し出した偽経

ここまでに紹介した物語で写経されているのは、『法華経』という由緒正しい経典である。その一方で、いわゆる偽経《ぎきょう》も同じような救済の願いを込めて写経されたことが、敦煌《とんこう》から発見された複数の文献から窺える。

敦煌文書の中には『救疾経《きゅうしつきょう》』『続命経《ぞくみょうきょう》』『延寿命経《えんじゅみょうきょう》』等という名の中国で作られた経典がいずれも複数点残存している。その名の通り、疾病から救われること、寿命を長くすることを主題とした経典である。このような主題には道教《どうきょう》の不老長寿の思想による影響が明らかに見てとれる。しかしそれだけでなく、上述の写経と救済という角度から見るならば、写経の功徳による病気治癒や延命の願望がこのような経典にも込められていることは明らかであろう。書写受持を実践して願望を実現するための専用の経典が人々によって強く求められていた状況が反映されているのである。これらの偽経は一巻のみのごく短いものがほとんどであり、手軽に書写できる、すぐに書き上げられるものが欲しいという一般のニーズに対応していると考えられる。

経典への冒瀆と報い

さて、以上で写経の功徳による救済の物語を見てきたが、では逆に経典を冒瀆《ぼうとく》した場合にはどのような報いが待ち受けているとイメージされていたのだろうか。善行には善報《ぜんぽう》、悪行には悪報《あくほう》がもたらされるのであり、経典冒瀆の物語にはそれ相応の報いが描かれる。『冥祥記《めいしょうき》』（南斉《なんせい》・王琰《おうえん》著、唐・道世《どうせい》『法苑珠林《ほうおんじゅりん》』巻十八の引用より）には、南朝の宋の尼僧である智通《ちつう》の逸話が次のように語られている。

元嘉《げんか》九年（四三二）に師が亡くなり、還俗《げんぞく》して魏郡の梁群甫《りょうぐんほ》の妻となり、男の子を一人生んだ。七歳になった頃、家が大層貧しくて、着せてやれるものがなかった。智通が尼僧であった頃に絹地の『無量寿経』『法華経』を何巻か持っていたので、それらをすべて煮て打ち直し、その子に着せてやった。智通は一年すると病気になり、朦朧としたりドキドキし、体中が剥けて爛れ、火傷のような有様だった。細くて白い虫がわき、毎日一升余り取り除いた。激痛で悶え苦しみ、明けても暮れても叫び続けた。しばしば何もない空中から「経典を壊して着物にしたので、この強烈な報いを受けたのだ」という声がした。十日余りして亡くなった。　（大正五三・四一八下）

このように聖なる経典を破損することは冒瀆行為であり、悪行にはそれに応じた報いがある。この元尼僧の場合には、貧しい境遇で子供を思ってしたことであり、母親としての立場で考えるならば責め難い面もある、と思われる読者もいるだろう。しかしながら前述のように経典は仏菩薩にも等しい聖なる存在であり、この物語において、経典を壊すことは理由の如何を問わずやはり悪行とみなされる。そこで彼女には激痛を伴う病の悪報が訪れ、凄惨な死を迎える。悪報の物語は救済という善報の物語と表裏一体の関係にあり、どうすれば良い事があるか、何をしたら悪い事が起こるかを、読む者たちに語りかけているのである。

願文――経典写本に書き残された思い

これまでも何度か触れた敦煌文書は、大多数が仏教経典の写本で占められている。それらの経巻の末尾にはしばしば作成者による願文《がんもん》（願い事を書いた文章）が記されている。一般的に言うと、いつ誰が作ったのか、誰のために作ったのか、これを作ったことでどのような良い事が起こるよう願っているか、そして仏教の素晴らしさを礼讃する内容が述べられる。作成者はこれを記すことで、その写本を作ったのが自分であること、何故作ったのか、どんな願いを込めたのかを他者に示し得る。このような願文によって、遥かな時を隔てた現代の我々にも、その写本がいつ誰に作成されたのかといった具体的な情報を得られるのである。

願文の中には「亡考《ぼうこう》（亡くなった父）」「亡妣《ぼうひ》（亡くなった母）」といった今は亡き近親者や、「七世代の父母、自分を生んだ父母」のように遠い祖先まで含め、それらの人々の成仏を祈るものが数多い。また前述のような病人の治癒、ひいては長寿延命のための願文が散見される。

瓜州の僧で維那《いな》（寺の雑務管理者）を務めている僧求《そうぐ》は、衣鉢以外のものを減らし、謹んで『涅槃《ねはん》経』を一部写しました。この善行により、どうか七代前からの先生と父母、及び全ての生きとし生けるものが、菩提心《ぼだいしん》（悟りを求める心）を起こし、早く正覚《しょうがく》（完全なる悟り）を完成させますように。

（『大般涅槃経』巻三、S二八七六、六世紀中頃）

開皇《かいこう》十五年（五九五）九月一日、清信（在家）の仏弟子たる談永和《だんえいわ》が謹んで『救疾病経《きゅうしっぺい》』百巻を作りました。どうか全ての人々が、このことをもとにして、かかっている病を取り除いていただけますように。六道を輪廻する生きとし生けるものが、みなこの福をともに受けられますように。

（『救護衆生悪疾経《きゅうごしゅじょうあくしつ》』、P四五六三、五九五年）

ここまでに述べてきた写経にまつわる様々な物語とともに、このような敦煌文書の願文にも、経典書写の功徳を信じ実践した人々の祈りが見てとれる。諸々の苦しみからの救済という善報と、業病や死という悪報が込められた物語は、当時の人々の救いへの希求と死への恐れを反映しているとともに、これらの物語を聞く者に対して一層強く写経を勧める力となったことは想像に難くない。

経巻と奇跡

経典写本にまつわる物語の中には、上述のような救済の物語以外に、様々な奇跡の物語がある。そして奇跡の物語には特に顕著な二つの類型が存在する。一つは火の中で燃えないという奇跡、もう一つは水に濡れない・沈まないという奇跡である。人を救うという要素が絡み合うストーリーの場合もあるが、根本的には経巻そのものに奇跡が起こるのであり、経巻が備える不思議な力が主眼となる。以下では火災と水難の二つの類型を中心に、奇跡の逸話について見ていこう。

火の中に入れても燃えない

火の中でも燃えないという奇跡については、まず古い伝承として、後漢の経典翻訳者として名高い朱《しゅ》士行《しこう》の逸話が挙げられる。『出三蔵記集《しゅつさんぞうきしゅう》』（梁《りょう》・僧祐《そうゆう》著。梁代までの経典の目録、経典等に付された序文、僧侶の伝記等を集めたもの）巻十三の朱士行伝によると、彼はホータン国（新疆《しんきょう》ウイグル自治区南部）から洛《らく》陽《よう》へと、皮に梵語《ぼんご》で書かれた経典写本を持ち帰ろうとしたが、出発前にそれを知った小乗の学徒たちが国王に告げ口し、経典を持っていくことを禁じられてしまった。

朱士行は深く悲しみ、経典を焼くことで証明したいと求め、王は許可した。そこで薪を宮殿の前に積み上げ、火を着けて燃やした。士行は火に向かって誓いを立てた。「もし大いなる仏法が漢の地へと伝わるはずなら、経典は燃えないだろう。もしご加護がなければ、それが運命であってどうにもならん」。言い終えると経典を火の中に投げ入れた。火はたちまち消えてしまって、一文字も損なわれず、皮製の経典はもとのままであった。人々は驚いて感服し、こぞってその仏からの応えを

褒め称えた。（大正五五・九七中）

このエピソードからは、朱士行の真摯な誓願の持つ力と、教えを中国へと広めるための仏の加護、そして経典そのものが備えている聖性という物語要素を読み取ることができる。

火事でも焼けずに残る

朱士行の逸話では経典を故意に火の中に投げ入れたのだが、後の時代の霊験記の類に多く見られるのは、火事に遭った際に経典だけが焼けずに残るという物語である。例えば『冥祥記《めいしょうき》』（『法苑珠林』巻十八の引用より）に語られている東晋《とうしん》時代の謝敷《しゃふ》という人についての物語を読んでみよう。

偉大なる仏法を深く信じ、飽くことなく一心に打ち込み、自分の手で『首楞厳経《しゅりょうごんきょう》』を写した。都の白馬寺《はくばじ》に置かれていた際、お寺に火の手が及んできて、日用品や他の経典がみな灰燼《かいじん》に帰したのに、この経だけはただ紙の端が焼けただけであった。文字は全て残っており、どこも壊れていなかった。（大正五三・四一八上）

同種の筋書きとしては、他にも『出三蔵記集』巻十五の法顕伝《ほっけんでん》に載せられている無名の人物のエピソードが挙げられる。その人物は代々仏法を信じ、自分で経典を一部書写して読誦や供養を行い、他の書物と同じ部屋に置いていた。その後火事の時に「家財道具はみな燃え尽きたのだが、ただ『泥洹経《ないおん》』だけが儼然として無傷で残っていた。焼かれることなく、巻物の色も変わりなかった」（大正五五・一一二中）。

この二つの物語では、両者ともに仏教に深く帰依して、日頃から修行に勤めており、その一環として自ら写経を行ったことがうかがえる。火事に見舞われて焼き尽くされた物と、火の中で焼けずに残った『首楞厳経』『泥洹経』との違いは、彼らが自分の手で書き写したという点にある。書写する者の信仰心の篤さが経巻に不思議な力を与える、という構造がここには潜んでいるのである。

水の中に沈まない、濡れない

では次に、もう一つのよく見られる類型である水難時の奇跡と救済について考えてみよう。経典が水の中に沈まない、または濡れないという物語の中で、伝承が古いものとしては『冥祥記』（『法苑珠林』巻十八の引用より）に記された晋の董吉《とうきつ》のエピソードが挙げられる。

董吉は常々『首楞厳経』をとなえており、彼の誦経は病によく効くと評判であった。ある時、川向こうに住まう何晃《かこう》という人が病気になり、その兄から経典をとなえるよう頼まれた。しかし董吉が約束通り行こうとすると、大雨のせいで渡ることができないほどに増水してしまっていた。泳げない董吉は川を前にして逡巡したが、必ずや約束を守るのだと、我が身を顧みずに如来への誓いを立てた。

そこで彼は着物を脱いで経巻を包み、頭の上にのせ、すぐに水の中へと入っていった。水の深さを考えると首まであるはずなのに、董吉が渡ろうとしたらちょうど膝まであるだけだった。向こう岸に上れた時には経巻の包みを無くしてしまっており、後悔することしきりであった。何晃の家まで辿り着くと、三度礼をして懺悔し、涙を流して自分を責めたのだが、たちまちの内に経巻の包みが高座の上にあるのを目にした。董吉が悲喜こもごもの心持ちでそれを手にとって見てみると、しっとりとして湿り気を帯びているようだったが、包みを開けて経巻を見たら、元通り乾いたままであった。そこで村人達は一斉に仏法を奉じるようになった。（大正五三・四一七下）

また、やや後の唐代の逸話としては、『冥報記《めいほうき》』巻中に載せられた蘇長《そちょう》の妾《しょう》（召使い）の物語がこれとよく似たパターンを示している。蘇長が一家を引き連れて船で川を渡った時、風で船が難破し、六十人余りの男女がみな溺れ死んだ。

ただ一人、召使いの女だけが、日頃から『法華経』を読誦していた。川の水が流れ込んでくると、その女は経巻の入った箱を頭にのせ、これと一緒に沈むぞと誓った。船が沈んでも、女一人だけが沈まずに、波に乗ってぷかぷか漂い、しばらくすると岸に着いた。そのまま箱をのせてきて、箱を開けて経巻を見てみると、ちっとも濡れていなかった。今でもまだ揚州におり、嫁入りして人妻になり、ますます信心深くなった。（大正五一・七九五上）

この二つの物語では、経典を身に着けている点が特徴的である。経巻そのものが聖性を備えており、水に沈まない、濡れないという不思議な奇跡を起こすことは、火の中に投げ入れても燃えなかった朱士行の逸話と同様であるが、ここではそれに加えて、経を受持する者にまで奇跡が及んで、人間を救済する物語となっている。

感応──純粋な心への応答

以上で見てきた火災や水難の物語では、いずれの場合にも共通の要素が見出せる。それは、経典を受持している人物の真摯な心が仏へと働きかけ、仏からの応えとして奇跡や救済が起こるという点である。この点については、これまでに読んできた様々な救済の物語の中でも、発願の持つ精神的価値が重視されていることは既に述べた。朱士行や董吉のエピソードでも、奇跡を引き起こす要因は彼らの真摯で強い誓願にある。強く純粋な心に対して、それに相応しい恩寵が与えられるという因果関係には、六朝仏教の基調である「感応《かんのう》」という考え方が垣間見える。

感応とは、簡単に言えば働きかけと反応のことである。心を起点として、言葉や行為によってそれを示して働きかけ、その働きかけを受け止めて反応するという二者の関係性を指す。修行者と仏の間にもこの感応の関係が結ばれ、純粋で清らかな願いに対して仏が奇跡や救済によって応じるのである。

清らかさの追求──汚れた部分だけ燃える

願いの強さ、純粋さ、清らかさは書写・受持をする人物の精神面での清浄性である。その一方で、唐代の他の物語に目を向けてみると、書写時の場や道具の清浄性というもう一つの奇跡発現の要因がはっきりと表れている。

これまでに例として挙げてきた物語以外にも、同種の奇跡の逸話は複数あるが、様々な同工異曲《どうこういきょく》のエピソードの中で注目すべき特徴を示す例が幾つかある。例えば『集神州三宝感通録《じゅうじんしゅうさんぼうかんずうろく》』（唐・道宣著）巻下の瑞経録《ずいきょうろく》に伝えられている貞観《じょうがん》年間（六二七〜六四九）の令狐元軌《れいこげんき》の逸話は興味深い。

仏法を奉じていた令狐元軌はある時『金剛般若経』や『涅槃経』を写経したくなり、抗禅師《こうぜんし》という人に頼んで「法（仏の教え）の通りに清潔にして」写経してもらった。その経巻を道家《どうか》の書物である『老《ろう》子《し》』と一緒に置いていたところ、火事が延焼してきて、建物が全て焼け落ちてしまった。ところが経典の巻物を探し出して外側の灰を払ってみると、中はまるで変わりがなく、ケースだけが灰になっていた。一方で道家の書物である『老子』はすっかり燃え尽きていた。

そしてさらに不思議なことが起こる。

> そのうちの『金剛般若経』一巻は、題字が黒焦げになっていた。どうしてなのか尋ねてみると、以前経に題字を書いた時、字の得意な州の役人がいたのだが、その人が慌て者で、清潔にできていないのにすぐ題字を書いたので、焼かれてしまったのである。
>
> （大正五一・四二八中）

この令狐元軌の物語で特に注目せねばならないのは、書写の時には「法の通りに清潔にして」書くべきであり、それ故に「清潔にできていな」かった部分だけが焼けてしまったと語る点である。ここには、書写の方法・手順の重要さ、書く者の汚れが経典をも汚すこと、法を遵守することで得られる清浄性が強調されている。

唐代の多くの物語で、書写の際の場所や材料、そして書写する人物の身体や衣服が清浄であることが要求されており、写経に一定の方式が設けられていたことが明瞭である。そもそも中国の伝統的教えである儒教《じゅきょう》では、宮中での謁見や様々な祭祀、儀礼のために沐浴《もくよく》や着替えといった潔斎《けっさい》が行われる。写経における清浄性の追求は、一つには中国の伝統的潔斎の流れに連なるものであると言える。また、それが仏教という宗教における浄・不浄の対比の中でさらに先鋭化したとも考えられる。

汚れの徹底的な排除――木を育て、紙や建物から作る

経巻を作る際の清浄性をあの手この手で多方面から追求した例としては、『弘賛法華伝《ぐさんほっけでん》』巻十の馬衡《ばこう》の物語が挙げられる。

馬衡の物語では、彼が両親のために追善の写経を行った際、まず材料となる木を香水で育てるところから始め、そこから写経専用の紙と建物を作った。また、写経を依頼した書生には酒・肉を断たせ、建物から出入りするたびに衣服を着替えさせた。

香は前述のように仏への重要な供物の一つである。馬衡の物語における香水の使用には、捧げ物とし

ての意味と清めの効果が込められているだろう。香による入念な清めや、材料の木から育てる点など、書写以前の準備段階までもが問題とされている。多方面にわたって徹底的に汚穢《おわい》を排除しようとしていることが見てとれる。そしてこの物語には、さらに水難における奇跡のエピソードが続いている。

写経し終わり、まだ装幀《そうてい》はできておらず、紙で三重に包んで、小屋の壁際に置いておいた。ふいに夜中に風雨に襲われ、翌朝になると、屋根は風雨で吹き飛ばされて壊れ、草木もなくなり、地面には数尺の深さまで水が溜まり、経典がどこにあるか分からなくなった。二日たって水がひいた後、水の底から写した経典を取り戻した。一番上の紙一枚が湿っているだけで、二枚目となるとまるで乾いてきれいなまま、少しも損なわれておらず、湿っても汚れてもいなかった。

（大正五一・四四下）

準備段階から全面的に清らかさを追求して作った経巻に、このような奇跡が起きる。経巻が水によって汚されないとは、言い換えれば、清浄に作られた経巻には汚穢をはねつける力が備わるということである。実際に木を育てるところから始めたケースは稀であっただろうが、できるだけ清らかに作ればその経巻に力を持たせられる、経巻を汚してはならない、という意識は、当時写経を行った人々の中にあったであろう。

汚れた吐息をかけるな

このような書写の際の清らかさを極端なまでに推し進めたのが、『冥報記』巻上の無名尼《むめいに》の物語である。

河東《かとう》（山西省南西部、黄河の東側の地域）に修行に励んでいる尼がおり、いつも『法華経』をとなえていた。字の上手な人を一人訪ね、礼金を数倍はずんで、わざわざ清らかな部屋を作り、この経典を写させた。起きるたびに沐浴させ、香を焚いて着物に薫き染めた。そして写経の部屋には、壁に穴を開けて外へと通じさせ、竹筒を一本付けた。写経する人には息を吐こうとするたびに竹筒をくわえさせ、息を壁の外に吐き出させた。

（大正五一・七八九上）

この尼の物語では、写経専用の部屋や沐浴と香による清めだけでは飽き足らず、写経する人の吐息までも汚れとみなし、屋外へと排除している。生き物に当然のこととして常時している呼吸までもが、経典に吐きかけるべきではない肉体の汚れとして嫌われるのである。吐息すら汚れとする物語は管見のかぎり他には見出せず、清浄性を最も厳格に追求した例と言える。

文字が消える――汚れた人間には読めない

この無名尼の物語にはさらに続きがあり、経典の文字消失という一種の奇跡が起きる。八年かけて

『法華経』一部が完成してから、法端《ほうたん》という『法華経』の講義を行っていた僧が、この尼の経典はよく校訂されているので、使いを出して借り受けようとした。

尼は固辞して渡さなかったので、法端は強く責め立てた。尼は仕方なしに自分から送り届けた。法端たちが開いて読もうとすると、黄色い紙が目に入るばかり、文字などなにも書いていなかった。さらに残りも開いていったが、全て同じであった。法端たちは畏れ恥じ入り、すぐに尼に送り返した。尼は涙ながらに受け取って、香水で箱を洗い、沐浴して押し頂き、仏の周りを行道《ぎょうどう》（右回りにめぐる儀式）した。七日七晩の間、少しも休むことはなかった。そうして開いて見てみると、文字は元通りであった。

（大正五一・七八九上）

断る尼を激しく非難し、無理強いをした法端は、精神面で清らかとは言えない。それ故にこのような文字消失という結果を招いたことになる。

また、肉体的、物質的な汚れから文字が消失する例が『弘賛法華伝』巻十の張万福《ちょうまんぷく》の物語に見える。こちらの話では、刺史《しし》として任地にやってきた張万福が、妙智《みょうち》という尼の作った『法華経』を見たがって使いの者を差し向けたが、尼は使者が不浄なので断った。怒った万福がまた使者を送ったので、尼は仕方なく香のお湯を作って使者に沐浴させ、新しい着物を着せてから、やっと経典を渡した。ところが「万福は経典を手に入れたが、何と手を洗いもせずに、すぐに経典を取り上げて開いた。巻物の中はどこも黄色い紙だけで、一文字も書いていなかった」（大正五一・四五中）のである。

これらの例では、精神面と物質面の二つの汚れから、清浄なる聖典に相応しからぬ人物とされ、文字が消えて読めなくなるという奇跡が発生する。物心両面の清らかさは、経巻に手を触れ、読むための条件なのである。前述の令狐元軌の逸話で、清潔にしないまま書いた題字だけが燃えてしまったという例も、同様の観念に基づいている。

経巻の聖性の根源とは

ここまでに写経にまつわる様々な救済や奇跡の物語を見てきた。写経の功徳によって、ある者は地獄から救われ、ある者は病気が癒えて寿命が延びた。また写経して作られた経巻は、ある時は火の中でも燃え残り、ある時は水に沈まず濡れなかった。このような物語を通して、経巻が備える聖性と力の根源とは何かが明らかになってきた。

一、経巻自体が本来備えている聖典としての地位
二、書写・受持する者の精神的清らかさ、純粋さ、強い誓願
三、書写・受持する者や道具等の物質的清らかさ

馬衡や無名尼の物語に見える頻繁な衣服の交換と沐浴、香や香水の多用、専用の書写の場と書写材料、汚れた吐息の排除といった要素は、三の物質的清浄性を書写の段階で可能な限り追求したものである。経巻が持つ奇跡の力とは、精神と物質の両面における清らかさが根源になると意識されていたのである。

「火不能焼」「水不能漂」

先述のように火の中でも燃えない、水に濡れないという物語は数多いが、これには実は漢訳経典の中に大きなルーツを見出すことができる。

大乗仏教の諸経典の中には「水や火に害されない」という内容の文言が幅広く存在する。その中でも定型化された表現が「火も焼くことができない」「水も漂わせることができない」の類である。例えば『妙法蓮華経』巻六薬王菩薩本事品《やくおうぼさつほんじ》から一例を挙げてみよう。

そなたが釈迦牟尼仏《しゃかむにぶつ》の教えの中で、この経を受持《じゅじ》・読誦《どくじゅ》・思惟《しゆい》し、他人のために説いてやることができるなら、得られる福徳は果てしなく大きく、火も焼くことができないし、水も漂わせることができない。

（大正九・五四下）

この表現は他の多くの経典でも広範に用いられており、仏法を学んで修行する人が手にしうる境地を表した常套句の一つである。

また中国伝統思想に目を向けると、道家《どうか》思想における真人《しんじん》のイメージも源泉の一つであろう。真人とは道家にとっての理想の存在であり、一般の人間よりも遥か高みに位置する超越者、道家の「道」を体現した者である。真人について、いわゆる老荘《ろうそう》思想と呼ばれる『荘子《そうし》』の大宗師《だいそうし》篇には「昔の真人は……高い所に登っても怖がらず、水に入っても濡れず、火に入っても熱いと感じない」と描写される。

これは大乗経典の「火も焼くことができない」「水も漂わせることができない」という表現とはっきり類似している。また内容的にも、水火の影響を蒙らないという属性がその者の聖性を表象するという点で共通している。中国古来の道家思想と、後に漢訳された大乗経典の両者が相まって、水難火災における救済・奇跡の物語が展開していくための源泉となったのであろう。

観世音菩薩信仰――『法華経』普門品

では、類似の表現が広範に見られる大乗諸経典の中で、救済と奇跡の物語に関して最も影響力が大きかったのは何だろうか。その答えは恐らく『妙法蓮華経』巻七観世音菩薩普門品《かんぜおんぼさつふもん》の冒頭の一節であろう。

もしこの観世音菩薩の名を心に刻んでいる者がいれば、たとえ大火に入っても、火も焼くことができない。この菩薩の威神力ゆえである。もし大水によって漂わされたとしても、その名号をとなえれば、すぐさま浅瀬に着ける。（大正九・五六下）

この一節は、他の経典の例とはいささか趣が異なっている。修行者自身が得る境地としてではなく、応現《おうげん》自在の威神力を持つ観世音菩薩がか弱き衆生《しゅじょう》を救うというように、菩薩から与えられる加護として説かれている。また、ただ「観世音菩薩」という名号《みょうごう》をとなえることだけが要求され、他の善行の類は必要とされないのも特徴であろう。

『妙法蓮華経』観世音菩薩普門品は、これよりも先に漢訳されていた『正法華経《しょうほっけ》』（西晋・竺法護《じくほうご》訳）の光世音《こうぜおん》普門品とともに、中国において熱烈な観音《かんのん》信仰を生み出した。そして観音信仰の高まりの中から、『光世音応験記《こうぜおんおうげんき》』（東晋・謝敷《しゃふ》著）を始めとする一連の観音応験の物語群や、普門品のみを単行させた『光世音経』『観世音経』が派生した。危機に陥った時、その名を呼べばすぐさま応じて助けてくれる菩薩、そんな守護神やスーパーヒーロー的存在として、観音は幅広く信仰を集めたのである。

このような観世音菩薩の特性を表した普門品冒頭の一節は、間違いなく人々の間に広範に浸透していただろう。従って、観音の守護があれば火に焼かれず水にも流されない、という観念も同様に多くの人にとっての共通認識であったろう。

仏菩薩の境地が経巻へと拡大

ただしここで一つ注意しておきたいことがある。それは、一般に大乗の諸経典で「水や火に害されない」とされるのは、あくまで仏菩薩や修行者の境地であり、その代表格である『妙法蓮華経』普門品が説いているのも人間の救済や仏の神通力だ、という点である。つまり本章で論じた経巻そのものに起こる奇跡は、諸経典の記述には些か合致しないということである。

例えば水難時の奇跡として取り上げた董吉や蘇長の妾の物語は、聖なる経巻に奇跡が生じる物語であると同時に、経典受持の功徳による人間の救済物語でもあった。このように人間が救われる物語であってこそ、諸経典の記述に沿うのである。一方で、朱士行や謝敷の物語のように火の中で経典だけが燃えずに残るという筋書きは、人間に対する救済ではなく、経典に奇跡が生じるのであり、大乗経典の記述から逸脱していることになる。

つまり、経巻が奇跡の力を備えるという観念は、大乗経典の中にそのままのルーツがあるわけではない。本章の最初で触れたように、大乗経典には経巻崇拝の思想、特に経巻の存在を仏菩薩と等しいものとする思想がある。これをもとに、仏と等しい経巻にも仏の聖性と神通力が備わるという考え方を導き出すことで成り立っているのである。このような一段階の展開があってこそ、仏菩薩や修行者のみならず、経巻という物質にまで奇跡の力が拡大され、言わば物神《ぶっしん》崇拝の様相を呈したのである。

儒教経典『孝経』への波及

経典を記した巻物に不思議な力が宿っているという考え方は、実は儒教経典にも波及していた。『南《なん》史《し》』(唐・李延寿《りえんじゅ》著、宋・斉・梁・陳の歴史書)の顧歓《こかん》伝には、次のようなエピソードが記されている。

病に苦しんでいる者が顧歓に尋ねたところ、顧歓は「家に何の書物があるか」と質問した。「『孝経』があるだけです」と答えると、顧歓は「仲尼居《ちゅうじきょ》を取って枕元に置いて敬えば、自然と治るだろう」と言った。その後病人はその通り治った。後に人が何故なのかを問うと、「善は悪を払いのけ、正は邪に打ち勝つ、これが病人が治った理由だ」と答えた。

ここで「仲尼居」と言っているのは、すなわち『孝経《こうきょう》』の一番最初の章である開宗明義章《かいそうめいぎ》の、冒頭の一句である。つまり「仲尼居」を枕元に置くというのは、具体的には『孝経』を置けということである。そして「仲尼」は儒教の聖人である孔子の字《あざな》（実名以外につける通称）であり、この一句は「孔子が居る」という意味なのである。

『孝経』は、このエピソードが説かれた南北朝時代には宗教経典として読誦され、呪術的力を持つと見なされていた。その位置づけは仏教経典の中の『観世音経』（『妙法蓮華経』普門品）に似ている。この顧歓のエピソードで枕元に置き礼拝することで病を癒やした「仲尼居」の句、ひいては『孝経』とは、すなわち彼らにとって、「善」かつ「正」である儒教の聖人・孔子その人が、そこに現に存在することに他ならなかったのである。

二　血字経と仏画――物語の力

写経にまつわる様々な救済と奇跡の物語からは、経巻とは仏法を具象化したもので、仏そのものに等しい存在であり、不思議な奇跡の力を備えていること、日常生活の中で経巻を手厚く受持して功徳を積み、聖なる経典に相応しいものであるよう自らの心身を清らかにすることが必要だという、当時の人々の観念が読み取れる。そして、身も心も清浄で、日々仏法を敬い、功徳を積んでいれば、危機に陥った時に救いを得られるのだとして、写経と経巻の崇拝が勧められたのである。

　このようにして幅広く実践された写経の中に、実はやや特殊な材料で書写されたものがあった。写経と言えば通常はごく当たり前に墨を使って書く。しかし、普通の墨とは異なる素材、すなわち人間の血液や金で書写された経巻も作られていたのである。これらは一般の写経ほど幅広く行われたわけではなく、一部の人の実践であっただろうが、通常の写経が持つ修行や功徳の意味合いに加えて、その素材独特の意義が込められており、注目に値する。

　この節ではまず血で書かれた経巻、血字経《けつじきょう》について考えていこう。また、血で描かれた仏画を端緒として、仏菩薩の絵画にも説き及ぶ。そこに通底しているのは、釈迦の行いを記した物語が持っていた影響力である。

出典となった経論は

　血字経は僅かではあるが実例が残っており、例えば敦煌文書のS五四五一・S五六六九・P二八七六（図1）が挙げられる。ただし末尾の願文に血で書いたと記されているが、見た目には一般の写経と変わりなく、墨に少量の血液を混ぜて書いた可能性が高いだろう。

　では、どうして中国古代の人々は血で仏教の経典を書こうと思ったのだろうか。それにはやはり理由がある。血による写経が実践された背景には、仏教経典、及び論（解説書）の中に、その拠り所となる記述が存在しているのである。

　いくつかの経と論に「刺して血を出して墨にする」という文言が見られ、それらに基づいて実際に写経が行われた。これまでの先人による研究、及び筆者の調べた所によると、血による写経の出典として、以下の七種類の経論を挙げられる。

『大般涅槃《だいはつねはん》経』（北涼《ほくりょう》・曇無讖《どんむしん》訳）巻十四
『集一切福徳三昧《じゅういっさいふくとくざんまい》経』（後秦《こうしん》・鳩摩羅什《くまらじゅう》訳）巻中
『大方広仏華厳《だいほうこうぶつけごん》経』（唐・般若《はんにゃ》訳）巻四十
『梵網《ぼんもう》経』（五世紀後半中国成立）巻下
『賢愚《けんぐ》経』（北魏《ほくぎ》・慧覚《えがく》等訳）巻一
『菩薩本行《ぼさつほんぎょう》経』（訳者不明）巻下
『大智度《だいちど》論』（後秦・鳩摩羅什訳）巻十六・二十八・四十九

前から六種類は経典である。ただしその中で『梵網経』は、実は漢訳ではなく中国で作られたものである。最後の『大智度論』は解説書、すなわち論である。

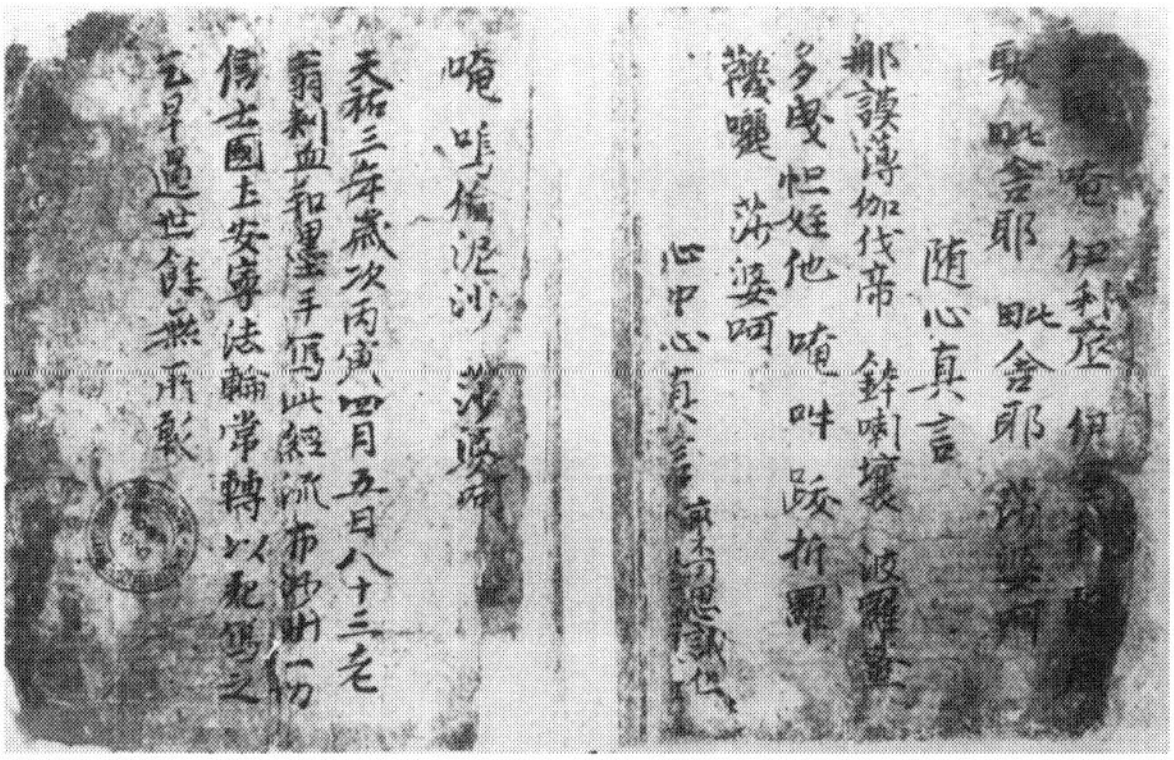

図１　P.2876『金剛般若波羅蜜経』願文

皮・血・髄・骨で写経する

ではこれらの経論の中から『大般涅槃経』を例として、血字経実践の根拠となった文言の内容と基本的な意義を見てみよう。

迦葉《かしょう》菩薩が仏に言った。……世尊よ、私は今本当に堪え忍んで皮を剥いで紙にし、刺して血を出して墨にし、髄を水にし、骨を折って筆にして、この大涅槃経を書写することができます。書き終わったら読誦し、意味をよく通じさせ、それから人のために広くその意味を説き聞かせます。

（大正一二・四四九上）

皮膚を紙に、血を墨に、骨髄を水に、骨を筆にして経典を書写する。この文言に従えば血以外の肉体の様々な部位をも用いて写経するのであり、血字経と言うよりもむしろ人体写経とでも呼ぶ方が合っているかもしれない。

この『涅槃経』の一文と『梵網経』の記述は文言が全く同じであり、『梵網経』が五世紀後半に中国で作られた際、この箇所は『涅槃経』をもとにして書かれたと判断してよいだろう。また、『涅槃経』『梵網経』以外の経論では、表現が少しばかり相違するのに加え、「髄を水にし」の一句がなく、皮・血・骨の三種類のみとなっている。

苦行と捨身――苦痛に耐え、肉体を捧げる

このような経典の記述を読んで、読者諸氏はどう思われるだろうか。具体的に我が身におきかえて想像すると、あまりに凄惨な行為であり、到底耐えられず非現実的であると感じるのではないだろうか。しかし、この通り忠実に行うのは実際には難しいにせよ、その極端なまでの痛みにこそ、実践の価値が

存しているのである。

そもそも写経すること自体に功徳があるのはすでに述べた通りで、これは当然血字経にも当てはまる。そして血による写経の場合、さらに苦行《くぎょう》と捨身《しゃしん》という意義が込められる。苦行とは苦痛に耐える修行であり、欲望を意思の力で抑制したり、自分から進んで肉体を傷つける。その苦しみと痛みに耐えることが心の鍛錬となり、強い精神力を獲得できる。また一面では、自らの肉体、ひいては生命を捧げる自己犠牲の行為でもある。これが仏教においては捨身と呼ばれる。捨身とは、我が身を捨てて人のために布施することであり、血字経の場合は自分の肉体を経典の形にして人に与えるのである。

血字経とは写経・苦行・捨身という三つの意義が一体となった行為であり、実践に高い価値が認められたであろうことは想像に難くない。

南朝梁武帝期には始められた

では血による写経の実践は、中国において一体いつ頃から始められたのだろうか。その答えを中国の古い文献の中に探すと、六朝《りくちょう》時代の事跡を記した文献に手がかりが見出せる。

まず、『続高僧伝《ぞくこうそうでん》』（唐・道宣《どうせん》著。慧皎『高僧伝』の後を継いで作られた僧侶の伝記集）巻十五の義解《ぎげ》篇には、梁《りょう》・武帝《ぶてい》の時代、後に簡文帝《かんぶんてい》となる蕭綱《しょうこう》の皇太子時代のことが次のように述べられている。

太宗《たいそう》簡文帝が以前東府《とうふ》に居た頃、妙なる仏法に心を寄せ、奥深い仏典を読み尽くし、般若経に帰服

　して、胸を刺して血を出し十部書いた。　　　　（大正五〇・五四八中）

　蕭綱が東府に住んでいたのは、梁代の歴史書『梁書《りょうじょ》』（唐・姚思廉《ようしれん》著）の簡文帝紀によると中大通《ちゅうだいつう》三年（五三一）七月から四年（五三二）九月の間である。これは兄である昭明太子《しょうめいたいし》が若くして亡くなったため、蕭綱が皇太子に立てられた時であり、あるいは兄の冥福を祈っての追善写経であったかもしれない。

　また、『南史《なんし》』（唐・李延寿《りえんじゅ》著、宋・斉・梁・陳の歴史書）の梁武帝本紀に、これとほぼ同時代の事跡が次のように記されている。

　どの人も素晴らしいことだと褒め称え、誰もが共鳴した。刺して血を出し地面を洗い浄めたり、刺して血を出し経典を書いたりし、胸に穴を開けて灯火を燃やし、坐禅して断食した。

　これは梁の武帝の時代、中大同《ちゅうだいどう》元年（五四六）に都である建康《けんこう》（現在の南京）の同泰寺《どうたいじ》で火災が起こった後、武帝が法事を行うと述べた際の武帝周辺の人々の反応を伝えたものである。さらに早い時期の例がなかったとは限らないが、文献上で確認できる範囲では、少なくとも梁武帝期には血字経の実践が既に行われていたのである。

実際には血のみが使われた

僧侶の伝記や歴史書などに伝えられている例を見る限りでは、経典に文字通り従って皮や骨まで使う例は見当たらず、血で書写する例ばかりである。また出典となった経論の中で、『賢愚経《けんぐ》』では「血を墨に混ぜる（以血和墨）」とされており、これは墨と混ぜ合わせるのを許容する根拠となりうる。実際には血だけで書こうとすると恐らくすぐに固まってしまうので、常に出しながら書くか、墨に混ぜて書く必要があっただろう。

例え血だけであったとしても、体を傷つける痛みと自己犠牲という基本的意義には変わりがない。経典の記述に沿いつつ、皮・骨髄・骨という余りに極端な点は避けて、実践可能な範囲の中で行ったということである。

血によって書かれた経巻は、書写した人物の肉体の一部を用いることで他の写本とは一線を画する存在となる。また、通常の写経と比較すると、実際に行う者はやはり決して多くはなかったであろう。それゆえ、血字経は苦行・捨身の価値と稀少価値を備え、書写した者の篤い信仰を証明するものとして、特に珍重と尊崇を受けたであろう。

出典の位置づけ――本生譚としての血字経

前で述べたように、血字経には出典となった経論があった。その中でも特に幅広く流布した重要な経典は『大般涅槃経』『梵網経』『大方広仏華厳経』である。しかしこの中で唐・般若訳『大方広仏華厳経』は八世紀末頃の翻訳であり、六世紀前半の梁武帝時代には血字経の実践が始まっていたことと食い違う。一方で『大般涅槃経』は五世紀前半の翻訳、『梵網経』の血字経に関する文言は『大般涅槃経』と完全に一致し、五世紀後半に中国で成立した際に『大般涅槃経』に基づいて書かれたと考えられる。これら二つの経典はいずれも広範に受容されたものであり、特に中国で作られた『梵網経』は菩薩戒として在家者《ざいけ》（出家《しゅっけ》して僧侶とならずに、仏教を信仰する者）に広く遵守された。これらが血字経の実践に影響を与えたことは確かである。

ただし、残りの四種類の経論、すなわち『集一切福徳三昧経』『賢愚経』『菩薩本行経』『大智度論』に目を向けると、そこには一つの特徴が浮かんでくる。これらの経論における血字経は、いずれも類似の筋書きの本生譚《ほんじょうたん》の中で説かれているのである。そして、本生譚であることが血字経の実践の上では大きな影響力を持っていたと考えられる。

本生譚とは――前世物語

そもそも本生譚とは何かと言うと、釈迦《しゃか》の前世《ぜんせ》物語のことである。サンスクリット語ではジャータカと言う。仏教では輪廻《りんね》転生《てんしょう》して繰り返し生まれ変わるのであり、釈迦も釈迦として生まれる前には、数々の前世があったことになる。そこで、最終的に悟りを開いた釈迦が前世においてどのような生涯を送ったのか、その中でどのような善行をしたかを物語にしたのが、本生譚である。

そして『集一切福徳三昧経』『賢愚経』『菩薩本行経』『大智度論』では、ある前世で実際に行ったこととして血字経が登場するのである。これらに記された血字経にまつわる本生譚では、主人公の名が『集一切福徳三昧経』では最勝《さいしょう》仙人、『賢愚経』では欝多羅《うったら》、『菩薩本行経』では優多梨《うたり》であるが、『大智度論』では愛法《あいほう》、楽法《らくほう》というように、やや違いがある。また物語のディテールは繁簡様々ではある。しかしながら全体の流れは非常によく似ており、前述のように血字経についての一文は僅かな違いしかない。

血字経の物語

では共通のあらすじがどんなものかを次に見てみよう。

仏法を求める仙人（または梵志《ぼんし》、菩薩）がある時一人の婆羅門《ばらもん》（インドにおける最上位の僧）に出会った。正しい法を知っているその婆羅門は、もし仏が説かれた偈《げ》（詞句）を聴きたければ、皮を紙に、骨を筆に、血を墨にして書き留めなさい、さすれば説いて聴かせよう、と彼に告げた。そこで彼は婆羅門の言葉に従って、その通りに偈を書き取った。

例として『賢愚経』の一部を読んでみよう。

数え切れないほど遥か昔、その頃波羅㮈《はらな》国には五百人の仙人がいた。時の仙人の師は、欝多羅という名であった。……婆羅門は言った。「法を学ぶというのは難しいことで、長らく苦しんでやっと得られる。そなたが今いかにすぐに聞きたがっても、道理としてできないのだ。そなたがもしこの上ない誠意をもって法を得たいなら、私の教えの通りにすべきである」。仙人は「大師の命とあらば、背くことなどできません」と申し上げた。（婆羅門は）続けてこう告げた。「そなたが今もし皮を剥いて紙にし、骨を折って筆にし、血を墨に混ぜ、私の法を書き写すことができるなら、そなたに言ってやろう」。その時欝多羅はこの言葉を聞くと、躍り上がって喜び、如来の教えを敬った。そこで皮を剥き、骨を折り取り、血を墨に混ぜ、仰ぎ見て申し上げた。「今こそまさにその時です、どうかすぐに言って下さい」。

（大正四・三五一中）

なお、『大智度論』の中で巻四十九では婆羅門は実は悪魔が変身した姿、『集一切福徳三昧経』では悪魔そのもので、彼が本当に言葉通り血などで書写した途端、姿を消してしまう。

他の本生譚との関連

血字経の本生譚はこれらの経論の漢訳によって中国へと伝えられ、仏法を奉じる中国の人々に受容された。その受容の局面において、同じく血を流す場面のある他の本生譚としばしば並列して触れられている。

前述の『南史』梁武帝本紀に「刺して血を出して地面を洗い浄めたり、刺して血を出し経典を書いたり」とあったのを思い出していただきたい。ここで血字経は「血で地面を洗い浄める」という一句と並列され、対句となっている。この「血で地面を洗い浄める」という句が指しているのは、各種の般若経で説かれるある本生譚に由来している。

それは、釈迦の前世である薩陀波崙《さったはろん》（サダープラルディタ）と、彼の師となる曇無竭《どんむかつ》（ダルモードガタ）の物語である。長い求法の旅と修行の末に、薩陀波崙はやっと曇無竭に出会い、般若波羅蜜《はんにゃはらみつ》（智慧の完成）を説き聞かせてもらえることになる。そこで曇無竭のために説法の場を準備し、地面を水で浄めようとするが、悪魔に水を隠されてしまう。そこで彼が代わりに使ったのが自らの血だったのである。以下では『摩訶般若波羅蜜経《まかはんにゃはらみつ》』（後秦・鳩摩羅什訳）によってその場面を見てみよう。

薩陀波崙菩薩は敷物を敷き終わって、水を探して地面をすすごうとしたのだが、できなかった。それは何故か。悪魔が隠してしまい、水が現れないようにさせたのである。……その時薩陀波崙菩薩はこのように思った。「私は自分でこの身を刺して、血でもって地面を洗い浄め、土埃が大師にかからないようにすべきだ。私がこの身をどう使おうと、この身などどうせ朽ち果てるのだ。私は果てしなき生死を繰り返してこの方、幾度も肉体を滅ぼしてきたが、いまだかつて仏法のためにそうしたことはなかった」。すぐさま鋭い刃で自らを刺し、血を出して地面を洗い浄めた。

（大正八・四二二下）

血による浄めのシーンは、薩陀波崙の物語のクライマックスである。仏法のために我が身を犠牲にするという捨身の意義が明瞭に示されている。またこの他にも、物語前半の求法の旅の途上において、自分の体を切り裂いて心臓、血液、骨髄を人に与えようとする場面もある。

釈迦の前世である薩陀波崙という菩薩は、自分から進んで痛みに耐えつつ体を傷つけ、自らの肉体を他者のために施す人物として描き出されている。

罽多羅と薩陀波崙

『南史』梁武帝本紀の記述以外にも、血字経と薩陀波崙を一対として挙げる例は見出せる。一つは『広弘明集《こうぐみょうしゅう》』（唐・道宣《どうせん》著。僧祐『弘明集』の後を継いで、仏教護教の文章を集めたもの）巻十九に収録された、梁・陸雲公《りくうんこう》の御講波若経序《ぎょこうはにゃきょうじょ》である。

> 会稽《かいけい》の鄮《ぼう》県にある阿育王寺《あいくおうじ》の釈法顕《しゃくほっけん》は、苦行を何度も実践し、智慧を手にせんと志した。罽多（罽多羅）の思惟に等しいばかりか、波崙（薩陀波崙）の誠意とも同じであった。そこで講義の場で自ら本願の力について述べ、刺して血を出して地面を洗い浄め、それによってこの上なき誠意を表した。昔、体を刀でえぐって供養し、骨を折り取って書写し、正法《しょうぼう》に帰依して、身命を惜しまなかった。今の目で古を眺めやるに、これは決して出鱈目ではなかったのだ。
>
> （大正五一・二三六上）

これは梁の武帝が行った『摩訶般若波羅蜜経』の講義について、陸雲公が著した序文であり、阿育王寺の僧が薩陀波崙に倣って血で地面を洗い浄めた事跡を紹介している。そのなかで欝多羅と薩陀波崙の名前が出された上に、薩陀波崙の「体を刀でえぐって供養」、欝多羅の「骨を折り取って書写」という本生譚のエピソードが並列されている。名前を「欝多」とするので、血字経の出典として基づいたのが『賢愚経』であることも分かる。著者の陸雲公は血字経を明らかに本生譚として捉えており、薩陀波崙と欝多羅の二人を出血によって自身の肉体を捧げた菩薩として称えているのである。

さらに、血による清めと血字経の両方を実践した例として隋代の僧、釈海順《しゃくかいじゅん》の事跡が挙げられる。『続高僧伝』巻十三の釈海順伝には次のように述べられている。

かつて刺して血を出し土埃を洗い浄めて、舎利を供養し、また血を墨に混ぜて、七仏戒経を書いた。

（大正五〇・五二五上）

どうして彼がこの二つを行ったのかと考えるなら、やはり本生譚が念頭に置かれていたと考えるべきである。両方をともに実践した背景には、陸雲公と同様に、釈海順もこの二つを釈迦の前世での善行と捉え、それを真似することで自らも釈尊に近づこうとした、という意識があったであろう。また、この事跡における「血を墨に混ぜて（以血和墨）」という表現は『賢愚経』の表現と一致しており、この場合も『賢愚経』の影響があったことが確実である。

物語の持つ力――理想の聖者に近づく道

以上の梁代、及び隋代の事跡から、血による写経が釈迦の前世における善行として受け止められていたことが明らかになった。つまり、前にも触れた出典の位置づけという観点から考えると、依拠すべき経典として幅広く流布していた『涅槃経』『梵網経』だけでなく、『賢愚経』などの本生譚《ほんじょうたん》として説く経論の影響が大きかったと言える。

では、本生譚の中で説かれることは当時の人々にとってどの様な意味があったのだろうか。それは、その行いを釈迦という仏教における理想の聖者が過去に実践した、という点にある。悟りを開いた釈迦が幾度もの輪廻《りんね》の間にしたことを、自分も模倣して行えば、自分だって輪廻の中で少しずつでも悟りに近づいていき、いつかは悟りを開けるかもしれない、ということである。

これは言い換えれば、釈迦の悟りとは釈迦としての最後の生によってのみ実現されたのではなく、それまでの無数の前世の中での功徳《くどく》の積み重ねによって実現されたと考えているのである。また、本来的には苦しみであるはずの輪廻が、彼らにとっては前向きな意味を持っていた。何も今生《こんじょう》で悟らないといけないわけではない、今はまだ途中なのだ、何度でも生まれ変わるのだからその中で少しずつ近づいていけばいいじゃないか、という一種楽観的な考え方でもある。輪廻があることで功徳を積むチャンスもより多くなる、というポジティブな捉え方なのである。

そのような考え方の中で、では具体的にどんな善行をして功徳を積めばよいのか、となった時に、何らかのお手本が欲しくなる。その恰好のお手本となるのはやはり釈迦の前世なのである。釈迦の前世の行為を真似することには、自分の現在の生を悟りへと到る途上に位置づける意味がある。自分の現在の生が釈迦の前世に相当するなら、自分が未来に輪廻していく先にも、やはり釈迦と同じように悟りが待っていることになる。

果てしなく繰り返す輪廻の中で少しずつでも解脱へと近づいていく道、それは本生譚によって導かれていったのである。つまり、単にこうしなさい、こうするといいよ、と説くのではなく、あの人が成功したのは過去にこうしたからだよ、とストーリー仕立てで説く方が人々のやる気を引き出せる場合がある、ということでもある。本生譚の真似をして実践していれば、いつかは自分も釈迦のように来世で悟りに辿り着けるだろう、という希望は、人々が血字経を作成する際の原動力となったであろう。

中国伝統思想との関連

さて、ここまでで血字経の仏教経典での出典や仏教における意味合いについて述べてきたが、さらに中国伝統思想との関連についても考えてみたい。中国における仏教を様々な面で理解しようとする際、もともとは外来の考え方である仏教だけを考察するのではなく、以前から中国にあった考え方とどのように関連しているのかにも目を向けるべきである。

中国を主軸とする視点から見るならば、それは何も、仏教思想を中国思想的に誤解しているとか、仏教思想を中国思想でねじ曲げているとかいうことではない。ただ、仏教の教えの中に中国伝統の儒教《じゅきょう》や道教《どうきょう》との共通性を感じ、それを重ね合わせて受け止めているのである。もちろん飽くまで中国伝来以前の仏教本来の意味あいを考えるのであれば、教理上の厳密な意味を把握しきれず、中国的理解に変容した面もある。しかし当事者であった中国の人々にとってはそれこそが新たな考え方への理解と共感の道であり、儒教・道教・仏教の考え方が互いに排斥しあわずに一人の人間の頭の中で共存しえたのである。

また、どうしても中国伝統思想とは相容れない部分もある。例えば輪廻などは、それまで中国思想には全くなかった考え方であり、であるからこそ初期には大きな反発と論争を巻き起こした。その後、中国伝統思想とは違うけれど仏教とはそういうものなんだ、と定着するまでにかなりの時間を要した。明らかに真っ向から食い違う考え方であれば、理解し受け入れるための素地がないのであり、論争は避けられない。例え互いにあれこれと論拠を挙げて争ったところで、結局のところ信じるか信じないかの違いであり、いずれかが論理で勝つということもありえない。そうして時間が過ぎる中で、仏教を信じる者は信じ、信じない者もわざわざ否定や反論をしなくなり、異なる考え方が共存するようになっていったのである。

血盟——決意と誠意の表明

仏教伝来以前からある中国の伝統的な考え方の中で、血にはどのような意味合いがあるのだろうか。その一つとして第一に挙げられるのは、血盟《けつめい》、つまり血によって結ばれる盟約である。

例えば戦国時代の紀元前三世紀中頃、西方の秦《しん》の国が侵攻して趙《ちょう》の都である邯鄲《かんたん》を包囲した。窮地に陥った趙の公子である平原君《へいげんくん》は、毛遂《もうすい》を含む二十人の食客を伴って楚《そ》に赴き、毛遂が楚王を説得して合《がっ》従《しょう》（秦に対抗するための同盟）することになった。この時、合従を結ぶ証として血盟が行われたのが、『史記《しき》』（前漢・司馬遷《しばせん》著）平原君伝に次のように記されている。

毛遂「合従は定まりましたでしょうか」。楚王「定まった」。毛遂は楚王のお付きの者に「鶏・犬・馬の血を取ってきなさい」と言った。毛遂は銅盤を捧げもち、跪《ひざまず》いて楚王に勧めた。「王は血をすって合従をお定めにならねばなりません、次は我が君、その次がわたくし毛遂です」。そうして殿上で合従を定めた。毛遂は左手で盤に入った血を持ち、右手で十九人の食客を招き寄せて言った。「貴公らも一緒にこの血をそこですすりなさい。貴公らはただ付き従っていただけで、これが所謂人によって事を成すというやつだな」。

同盟の誓いの儀式としてすすられるのは、生贄《いけにえ》とされる動物の血である。それを盟約を結ぶ者同士でともにすすり、約束を守り裏切らないという決意と誠意を表明する。血盟の場合は自分が血を流すわけではないので、苦行《くぎょう》や捨身《しゃしん》という仏教的意義との共通点はない。しかし、必ずやり遂げるという意思と、嘘偽りのなさを象徴するという点は、仏教の発願《ほつがん》（悟りや救済、善行を誓うこと）と重なり合う。血による決意と誠意の表明は、血字経の実践においても基礎的な意味づけとなっていただろう。

「心血」――胸の血で書く

血字経を実践した例の中には「心血《しんけつ》」で写経した場合が見出せる。ここにもやはり中国伝統の考え方との関連がある。

既に触れた『続高僧伝《ぞくこうそうでん》』巻十五に、蕭綱《しょうこう》の事跡として「胸を刺して血を出し十部書いた（心血を刺して十部を書く）」とあった。原文の「心血」とは文字通りで考えれば心臓の血ということになるが、実際には恐らく心臓の上である胸のあたりを傷つけてとった血であっただろう。

また蕭綱と同様に「心」の血で写経した例が、やや後の隋代に見られる。『弘賛法華伝《ぐさんほっけでん》』巻十には、宝璡《ほうしん》という人が亡くなった父母のために『妙法蓮華経《みょうほうれんげ》』『金剛般若経《こんごうはんにゃ》』各一部を「心」の血で書いたことが伝えられている。

道場を美しく飾り付け、自ら書写し、心を刺して血を取り、それを墨にした。この行いは古くから滅多にないことで、道理から言って祥瑞《しょうずい》が多いものである。ところが宝璡は控え目かつ慎重で、外に漏らすのを許さず、後世に知られないようにした。惜しいことである。その経巻は宝箱にしまわれ、今でもまだ残っている。（大正五一・四四下）

これらの血字経作成の例で、肉体の他の部分ではなく、特に「心血」が選ばれた背景には、そもそも心臓が誠意を表すという伝統的観念が存在する。

「剖心」——真心の象徴

心臓にその人の本心が表れるという考え方は、殷《いん》王朝最後の王である紂王《ちゅうおう》と、その叔父の比干《ひかん》の「剖心《ぼうしん》」の逸話に端を発するであろう。紂王の淫蕩をいさめた比干に対して、紂王が次のような暴挙に出たと『史記』殷本紀には伝えられている。

紂王は怒って言った。「私が聞いた話では、聖人の心臓には七つの穴があるそうだな」。比干を切り裂き、その心を見た。

七つの穴が本当にあるかを確かめるのにかこつけて、紂王が比干を切り裂いたというこの故事は、暴君の残虐さを伝えるエピソードである。これが後になると「剖心」という熟語となっていき、真心を尽くす、誠意を示すという意味合いへと変化していく。

例えば『三国志《さんごくし》』（西晋《せいしん》・陳寿《ちんじゅ》著）魏書《ぎしょ》の楊阜《ようふ》伝には「あなた様はどうか心臓を切り裂いて国命に従って下さい（君は其れ心を剖《さ》きて以て国命に順《したが》え）」、『梁書《りょうじょ》』韋粲《いさん》伝には「もしどうしても疑念があるなら、心臓を切り裂いてお示しするしかありません（若し必ず疑い有らば、当《まさ》に心を剖きて相い示すべし）」とある。この「心臓を切り裂いて」とは真心や誠意をさらけ出して、というほどの意味であり、「剖心」は本心、忠誠、誠意を表す言葉へと変化したことが分かる。

このように心臓が真心を象徴するという観念が淵源となり、血字経の実践の中に「心血」という要素が組み込まれたのであろう。胸の血を使うことで、自らの心に偽りがないこと、仏法への帰依が真心に発することを、より一層強く表せるのである。

孝と追善——血による追善写経

死者の追善《ついぜん》のための写経についてはすでに触れた通り、祖先や父母といった死者の成仏を願って行われるものである。通常の墨による追善写経が広く行われたことは、諸々の霊験記《れいげんき》や敦煌文書《とんこうもんじょ》の願文《がんもん》（願いごとを書いた文章）によって明らかな事実である。そして、盛んに追善写経が作られた状況の中で、特に追善としての血字経が作成される場合があった。

早い例としては、『陳書《ちんじょ》』（唐・姚思廉《ようしれん》著）の始興王叔陵《しこうおうしゅくりょう》の伝で、母である彭《ほう》氏の喪に服する際に『涅《ね》槃《はん》経』を血で書写すると自称したエピソードが挙げられる。

> 初めて喪に服する日、哀毀《あいき》（喪に服する悲しみのあまり、体をやつれさせること）すると偽り、自分では刺して血を出し『涅槃経』を書写すると称したが、十日もしないうちに、台所でぴちぴちした肉や魚を調理させ、毎日ご馳走を出させた。

この場合はやると偽称しただけで、実際には行わなかったのだろうが、追善としての血字経を意図していたことは間違いない。また、写経するのが『涅槃経』とされた点からは、その出典が『大般涅槃経』の聖行《しょうぎょう》品であった可能性が窺い知れる。

その後、唐代になるとさらに数多くの追善血字経の例を見出せる。同じように在家者が父母の追善として行ったケースを知りたければ、例えば『旧唐書《くとうじょ》』（後晋《こうしん》・劉昫《りゅうく》等著）韋綬《いじゅ》伝、元徳秀《げんとくしゅう》伝、『新唐書《しんとうじょ》』（北宋《ほくそう》・欧陽修《おうようしゅう》等著）万敬儒《ばんけいじゅ》伝や、『金剛般若経集験記《こんごうはんにゃきょうしゅうげんき》』巻中の神力《じんりき》篇に引用されている『冥報拾遺《めいほうしゅうい》』（唐・郎余令《ろうよれい》著）の隴西李虔観《ろうせいりけんかん》の条、河内司馬喬卿《かだいしばきょうけい》の条を参照するとよい。

死者の追善のために作られる血字経には、二つの思想上の文脈を考えることができる。一つは仏教面で、通常の書写の功徳の上に苦行と捨身の功徳を上積みすることで、より手厚い追善となる点である。そしてもう一つの文脈は伝統的儒教思想からの流れであり、始興王叔陵の伝に見られた「哀毀」という孝の観念である。

哀毀の伝統

哀毀《あいき》とは、先ほどの引用で括弧をつけて説明したように、親を亡くした悲しみのあまり自らの肉体をやつれさせてしまうことである。悲しみで食事も満足に喉を通らず、痩せ衰えることによって、それほどに親を想っていると目に見える形で示すことが孝行なのである。礼について記した儒教経典の『礼《らい》記《き》』では、曲礼《きょくらい》篇に「服喪の礼では、痩せ衰えるが骨が見えるほどにはならない」とされている。これによれば親の喪中には、飲食を控えて真摯な孝心を表しつつ、骨ばかりのがりがりにはならないよう、適度な範囲に収めることがよしとされたのである。

一般的には哀毀による孝心の表出は、お墓の側に作った小さな廬《ろ》（小屋）に籠もって食事を制限するといった行動による。例えば『後漢書《ごかんじょ》』（劉宋《りゅうそう》・范曄《はんよう》著）韋彪《いひょう》伝では些か過剰なほどの哀毀が次のように語られており、このような行き過ぎを防ぐことが『礼記』の意図であったのだろう。

韋彪は極めて親孝行で、父母が亡くなると、三年間哀毀し、廬から出なかった。喪が明けると痩せ衰え、普通ではないほどがりがりで、数年治療してやっと立ち上がれた。

また『後漢書』申屠蟠《しんとばん》伝にも過度な例が見られる。

九歳で父親を亡くし、哀毀は礼の範囲を超えてしまっていた。喪が明けても、酒や肉を十数年口にしなかった。命日になるたびに、いつも三日間食事をしなかった。

ここで「礼の範囲を超えてしまっていた（過礼）」と述べられているように、礼の規定から逸脱するほどの過度な哀悼は、儒教においては本来的には批判されるべきものである。しかしながら、厳密には儒教的規範からはずれていても、一般には孝行の鑑として賛美される風潮が古来あった。そしてこのような哀毀の伝統により、出血で肉体を損なう血字経は、体の衰弱による哀悼の表現と合流して、服喪時の追善写経に相応しい行為として取り込まれたと考えられる。

もちろん一方では、体を傷つける行為は孝行の理念に反するとされる。孝を主題とした儒教経典の『孝経《こうきょう》』開宗明義章《かいそうめいぎ》に「身体髪膚《しんたいはっぷ》はこれを父母から受けたものである。自分から傷つけたりしないのが、孝の出発点だ」とあるのは、現代日本でも比較的知られたことであろう。このように身体を傷つけることは伝統的孝の観念においては批判を伴う。しかし仏教の文脈では苦行、捨身という高い価値を与えられる。そのような仏教的価値を前提として、さらに儒教の哀毀の観念と融合したのが、服喪時の血字経だったのである。

儒教と仏教を照らし合わせて言うと、一般的な亡父母への孝に対応するのが通常の墨による追善写経であり、哀毀という孝心のより強い表現方法に対応するのが追善の血字経であったとまとめられるだろう。

心血と哀毀――司馬喬卿の場合

先ほど触れたように、唐代には追善血字経の例が複数ある。その中でも『金剛般若経集験記』巻中の河内《かだい》の司馬喬卿《しばきょうけい》の場合は、追善血字経である上に、誠意を示す心血の要素も合わせ持っている。

母親の不幸があり、喪に服して痩せ衰え、心臓の上を刺して血を出し、『金剛般若経』一巻を書き写した。

ここには心血と哀毀の二つの要素がともに見てとれ、二種類の中国伝統思想が血字経に融合したことが端的に表れている。胸の血で書くことで亡母を偲ぶ真心を経巻に込め、さらに血を流して一層肉体をやつれさせることで、悲しみの深さを表すのである。司馬喬卿にとって心血の血字経はこの上ない追善だったのだろう。

血で描いた仏画――貞弁と道舟の例

さて、血で書かれたのは実は経典だけではなく、仏画が描かれた場合もあった。これまで触れてきた例より少し後の時代、おおよそ晩唐から五代の時期に二つの例を見出せる。『宋高僧伝《そうこうそうでん》』（北宋《ほくそう》・賛寧《さんねい》著。道宣『続高僧伝』の後を継いで作られた僧侶の伝記集）の貞弁《じょうべん》伝には血字経と血で描いた仏画が登場する。

> ひたむきに学問を志し、折りに触れて刺して血を出して経典を書き写し、また針で血を出して立《りゅう》観自在像《かんじざいぞう》（立ち姿の観世音《かんぜおん》菩薩像）や慈氏像《じしぞう》（弥勒《みろく》菩薩像）などを描いた。（大正五〇・七四七上）

また同じく『宋高僧伝』に収められた道舟《どうしゅう》伝にも「刺して血を出して大悲千手眼立像《だいひせんじゅがんりゅうぞう》（千手観音の立ち姿の像）を描いた」（大正五〇・八五九上）とある。この場合は写経の功徳とは別の話になるが、仏画を描く場合にもやはり苦行と捨身、そして真心の表現という意味はやはり共通しているだろう。また、普通の写経と血字経の場合と同じく、これらの場合も血で描くことによって他の一般的な画材による仏画とは一線を画し、特別な絵として受け止められただろう。

仏画と物語――壁に飛び込み絵になったお釈迦さま

血字経が中国で実践された背景には、前述のように釈迦の前世での行いとして本生譚《ほんじょうたん》の中で物語られたという要因があったが、実は仏画も釈迦の行いを記した物語の中に登場し、後の中国人の憧れをかきたてた。

『観仏三昧海《かんぶつざんまいかい》経』（東晋《とうしん》・仏陀跋陀羅《ぶっだばっだら》訳）巻七、観四威儀《かんしいぎ》品には「那乾訶羅《なけんから》国」（ナガラハーラ、現アフガニスタン東部のジャラーラーバード付近）で釈迦が邪悪な龍王を折伏《しゃくぶく》（悪を打ち破り帰服させること）したという話が出てくる。仏道に目覚めた龍王とその眷属《けんぞく》は釈迦に帰依《きえ》し、どうかずっとここにいてくださいと頼んだ。ところが釈迦はそろそろ立ち去ることになり、龍王は悲しみに暮れる。

その時龍王は仏が国に帰ると耳にし、泣き叫んで雨のような涙を流して言った。「世尊よ、どうかずっといてください。どうして私をお捨てになるのですか。私は仏に会えないと、きっと悪事をはたらいて、悪道へと堕ちるでしょう」。その時世尊は龍王を慰めた。「お前の願いを受け入れて、お前の洞窟の中に千五百年いるとしよう」。その時小さな龍たちは手を合わせ、世尊に洞窟の中に戻ってくれるよう頼んだ。龍たちは、仏が洞窟の中に座って、体の上からは水が、体の下からは火が出て、十八回変化するのを見た。小さな龍は見終わるとさらに仏道の心を固めていや増しにした。

釈迦は身を躍らせて石に入り、あたかも澄み渡る鏡に人の姿が映って見えるかのようであった。龍たちはみな仏が石の中にいて、外へと映し出されるのを目にした。その時龍たちは合掌して喜び、彼らの池から出なくても、いつも太陽のごとき仏を見ていた。その時世尊は、石の壁の中で結跏趺《けっかふ》坐《ざ》しており、衆生が見ている時には、遠くから眺めると現れるが、近づくと見えなくなった。数多の天神が仏の影（姿）を供養し、影もまた説法した。

（大正一五・六八一上）

この物語では、釈迦は龍の願いに応え、洞窟の岩壁の中へと飛び込んでそこに自らの姿を残したのである。鏡に映し出されたかのようにありありとしたその姿は、供養する者たちに教えを説き聞かせた。

ナガラハーラの仏影窟——法顕の見聞

釈迦が壁の中に入って絵姿になったという物語を背景として、実際にナガラハーラの地には仏がその姿を壁に残したと伝えられる石窟があった。この窟は西域の仏教遺跡研究では仏影窟《ぶつえいくつ》という呼称で比較的よく知られている。

四〇二年にこの地を訪れた法顕《ほっけん》は、その見聞を『法顕伝』巻一の中で次のように伝えている。

那竭《なかつ》城の南方に半ヨージャナ（数キロ）のところに石室がある。山腹に沿って西南に向いており、仏がその中に影を残した。十数歩離れて見ると、仏の真のお姿のようで、金色の相好《そうごう》は明るく輝いている。近づけば近づくほどかすかになり、ぼんやりとあることはある。各地の国王は画師を遣わして模写させたが、本物には及ばなかった。かの国の人は、千仏がみなここに影を残すだろう、と言い伝えている。

『法顕伝』の記述によると、この地域では仏頂骨《ぶっちょうこつ》、仏歯《ぶっし》、仏髪《ぶっぱつ》、仏爪《ぶっそう》といった釈迦の遺物の供養と崇拝が盛んに行われていた。仏影窟もまたこういった聖遺物のヴァリエーションの一種として、恐らくガンダーラ地方での盛んな造像をも背景として生み出された。その他様々な遺物があった場所とともに、仏影窟も巡礼地の一つとなっていただろう。推測に過ぎないが、近づくとぼんやりし遠ざかると見えるという特徴を考えると、ごく浅いレリーフのようなものだったのではないだろうか。

廬山での再現——慧遠の夢

このナガラハーラの仏影窟のうわさは、実は遠く中国にまで伝わっていた。そして仏影に強い憧れの気持ちをつのらせたのが、東晋《とうしん》の時代に廬山《ろざん》（現在の江西省九江市）を本拠地とした高僧、慧遠《えおん》（三三四～四一六）であった。

前々から仏影のうわさを耳にして興味を持っていた慧遠は、廬山入山後になって、実際に仏影窟を訪れたことのある西域の僧から詳しい話を聞くことがかなった。そこで東晋の義熙《ぎき》八年（四一二）、慧遠は廬山にも仏影を描いた石窟を造営させたのである。『出三蔵記集《しゅつさんぞうきしゅう》』（梁《りょう》・僧祐《そうゆう》著）巻十五の慧遠法師伝には、その時のことが次のように記されている。

私は北天竺《てんじく》に仏影があることを耳にして、喜びと感激で胸がいっぱいになった。そこで背後には山、正面には川が流れるところに、石窟を築かせた。腕利きの画師が淡い色合いで絵を描いた。その色は遥か高い空のよう、眺めは軽やかな霧に似て、輝かしい相好は明らかでありつつ曖昧、隠れたかと思うと現れた。そうして都にも模写が伝えられ、誰もが感嘆した。（大正五五・一〇九下）

慧遠が廬山に造らせた仏影は淡彩画だったようである。またナガラハーラの仏影窟のような不特定多数が訪れうる巡礼地というよりも、廬山内部の人々のために設けられており、彼らの礼拝や瞑想の場とされた。そして、この廬山・仏影窟の造営を記念した「仏影銘《ぶつえいめい》」という銘文が、慧遠自身と謝霊運《しゃれいうん》によって著された。

廬山には出家者以外にも、謝霊運のような当時の知識人たちが訪れ、仏教に心を寄せていた。その中には「明仏論《めいぶつろん》」「画山水序《がさんすいじょ》」を著した宗炳《そうへい》もいた。宗炳は江陵《こうりょう》（現在の湖北省荊州《けいしゅう》市）に隠棲しつつ、廬山にも別宅を持ってしばしば訪れていたようである。

その後、彼の孫の宗測《そうそく》の代には宗家の屋敷が永業寺《ようごうじ》という寺院に改装されており、宗測と江陵の知識人たちとの交遊の場となっていた。またこの永業寺にも「仏影台」という台が造られていたことが分かっている。どのような仏画であったかは不詳ではあるが、廬山慧遠の仏影を受け継いでいることは間違いない。壁に飛び込み絵姿になった釈迦の物語が、慧遠の夢を媒介として、こんなところにも足跡を残したのである。

三　金字経――永遠に光り輝く経典

血による写経である血字経以外に、普通の墨とは異なる変わった材料で作られた経巻がもう一種類ある。それは金字経《きんじきょう》（または金写経《きんしゃきょう》、金泥経《きんでいきょう》とも呼ばれる）である。墨の代わりに金泥が用いられ、また金を映えさせるために紙も濃い紫色や紺色のものが使われる。暗い色の紙の上に金色の文字が燦然と輝きを放ち、非常に煌びやかで美麗な経巻となる。

金字経は日本にはかなり多数が現存しており、展覧会などで目にする機会も決して少なくない。しかしそもそもは日本に先立って中国で作られていたものであり、後に朝鮮半島、及び日本へと伝えられ、東アジアの各地で作られたのである。

中国で作られた金字経の現存例は非常に少ないが、文献には金字経に関する様々な記述が残されている。ここからは、中国における金字経作成の始まり、意味づけ、本生譚《ほんじょうたん》との関連、日本への継承などを順を追って辿っていこう。

現存する金字経

日本には多数の金字経が今も伝わっている。著名なところでは、奈良時代に聖武《しょうむ》天皇の勅命で国分寺《こくぶんじ》に頒布された紫紙金字『金光明最勝王経《こんこうみょうさいしょうおうきょう》』（奈良国立博物館所蔵、口絵）や、平安時代に藤原清衡《きよひら》によって中尊寺《ちゅうそんじ》に奉納された紺紙金銀交書一切経（高野山金剛峯寺等所蔵）などが代表的だろう。他にも数多くの作例が良好な状態で保存されており、美術館や博物館で展示されることがある。また日本では金泥による書写技術の復元と、新たな作品の制作も行われている（福島久幸氏による復元と作品制作、及び小松茂美監修・宇塚澄風著『甦る金字経』）。

その一方で、中国と朝鮮半島で作成された金字経の現存する例は、筆者の知る限りでは日本と比較するとかなり少ないようである。高麗《こうらい》の例としては、現存最古とされる紺紙金字『大宝積経《だいほうしゃくきょう》』（京都国立博物館所蔵）を始めとしていくつかの作品が日本に存在し、また韓国の国立中央博物館などにも金字経が所蔵されているようである。中国についても管見の限りかなり少数しか見出せない。作成年代の古いものとしてはフランスのペリオが持ち帰った敦煌文書《とんこうもんじょ》の中に、年号の記載のない端本《はほん》の経巻二点（フランス国立図書館所蔵、P四五一一、P四五一二）があり、時代を降ると元代の紺紙金銀字『華厳経《けごんきょう》』（京都国立博物館所蔵）や明清《みんしん》の作例も存在している。

現在の中国、台湾、朝鮮半島における金字経の詳細な所蔵状況については、筆者には把握しきれないものの、日本の所蔵点数と比べると、恐らくかなりの隔たりがあるだろう。また制作年代の面でも比較的新しいものが中心だろうと推察される。

金による写経を勧める経典はない

金字経について考えるためにまず踏まえておくべきは、経典の中には金による写経を勧める文言が見られないという点である。

これまでにも述べているように、大乗経典では写経を称え奨励する文言が非常に幅広く見られる。しかし金による写経を勧める経論は管見の限り見出せないし、言葉の上での修辞的表現としての金の写経もやはり見られない。つまり、中国において金字経が作成されるようになったことの直接的出典は、経典の中にはないと言ってよいのである。この点では、血字経が『大般涅槃経《だいはつねはんぎょう》』『梵網経《ぼんもうきょう》』『賢愚経《けんぐきょう》』などを出典としていたのとは対照的である。

また、経典の文言にはないにせよ、西域のインド、及びその周辺諸国でも、何らかの形で金を用いた経典が作られた可能性を想定することはできる。しかしながらその場合は中国の紙・絹布と筆による経巻とは異なり、貝葉《ばいよう》や樺《かば》の木の皮、ペンといった書写の材料や、金属製の板などを用いたものになる。そうすると中国から朝鮮半島、日本へと伝えられた金字経とは形態が大きく異なるのであり、これもやはり直接的ルーツとは言えない。

中国における金字経の始まり――六世紀初頭、北魏の王室による金字経

中国において金字経が作られ始めた時期、それは文献に記録された事例による限りでは、おおよそ六世紀初頭だと考えられる。六世紀の初め、北魏《ほくぎ》の皇帝の一族である安豊王《あんほうおう》・元延明《げんえんめい》、中山王《ちゅうざんおう》・元熙《げんき》が

通常の墨による『華厳経《けごん》』百部を作るとともに、同じく『華厳経』の金字経一部を作ったという事跡が、『弁正論《べんしょうろん》』（唐・法琳《ほうりん》著）に次のように記されている。

香水を墨に混ぜて、『華厳経』を百部、素書金字の『華厳経』を一部書写し、みな五種の香でできた箱や四種の宝でできた箱に収めた。静かな夜の良い時節に潔斎して行道（右回りにめぐる儀式）をすると、いつも五色の神光が建物を照らし出した。人々はみなそれを目にして、ますます菩提心《ぼだいしん》を起こした。

色とりどりの不思議な光を放ったと伝えられるこの金字経は「素書金字」とされており、「素」とは白い絹のことである。元延明らが作った金字経は、現在我々が目にしうる紫紺の紙の作例とはいささか異なり、白の絹地に金で書かれた経巻だったようだ。

金による荘厳

この金字経は煌びやかな箱に収められて飾られただけでなく、そもそも文字を書いた金自体が内側から経典を飾り付けている。仏教では、仏像や寺院その他もろもろを美しく厳かに飾ることを荘厳《しょうごん》と呼ぶ。経典の場合は一般には装幀や入れ物に荘厳が施されるが、金字経は文字そのものによって経典を荘厳するのである。

金は当然ながら高価な素材であり、作成の技術も要するため、一般に広く作られうるものではない。特別な荘厳である金字経は、一般の墨による経巻とは差別化され、それを持つ者の高貴な位に対応しているのである。元延明らの金字『華厳経』は、皇帝の一族という彼らの地位に相応しい荘厳だったのであろう。

なお、この六世紀初頭の北魏よりもさらに早い時期とされる例が『法華伝記《ほっけでんき》』（唐・僧詳《そうしょう》著）にあるが、それらは記述の内容から信頼性に疑いがあるため、やはり元延明らの金字経が確認しうる最も早い例とすべきである。

金字『孝経』――北魏孝明帝への献上

元延明らの金字『華厳経』とほぼ同じ時期、実は金字経が仏教経典のみに限らなかったことを示す興味深い記録が、『魏書《ぎしょ》』（北斉《ほくせい》・魏収《ぎしゅう》著）河間王琛伝《かかんおうちんでん》に見出せる。

元琛《げんちん》は粛宗《しゅくそう》（元詡《げんく》、諡《おくりな》は孝明帝）が学問を始めるので、金字『孝経《こうきょう》』を献上した。

孝明帝・元詡は永平《えいへい》三年（五一〇）に生まれ、延昌《えんしょう》四年（五一五）に僅か六歳で皇帝の位についた。その彼が学問を始めた頃であるから、河間王・元琛から金字『孝経』が献上されたのもやはり六世紀初め頃ということになり、元延明らの金字『華厳経』作成とおおよそ同時期である。さらに言うと、元琛が献上した金字『孝経』は、孝明帝即位後の正光《せいこう》二年（五二一）十二歳の時に行った講経（経典の講義）と釈奠《せきてん》の儀礼のためであった可能性が考えられる。

金字『孝経』と経典講義・釈奠儀礼との関わり

釈奠とは耳慣れない言葉かもしれないが、これは儒教《じゅきょう》の儀式の一種である。儒教経典の『礼記《らいき》』『周《しゅ》礼《らい》』に根拠を持ち、太学《たいがく》（古代の最高学府、国子学《こくしがく》や国子監《こくしかん》とも呼ぶ）において儒教の祖である孔子《こうし》（及びその弟子の顔回《がんかい》）を祀る儀礼である。漢代の曲阜《きょくふ》（孔子の生地）で孔子を祀った儀式、及び皇帝の御前での儒教経典講義を淵源としている。その後、魏晋《ぎしん》期（三〜四世紀頃）になると、成人前後の幼い皇帝や皇太子が、太学への入学の儀式として、経典講義をした後で釈奠を行うという一連の儀礼が整備され、後の時代に継承されていった。

『孝経』はこの講経・釈奠の儀礼で講義されることが多かった。『孝経』は父母への孝の教えを説いており、『論語《ろんご》』（孔子の言行録）とならぶ児童教育のテキストとして、一般に知識人の子弟が最初に学ぶものであった。そこで入学の儀礼に相応しい経書として選ばれたのであろう。

正光二年二月二十五日、孝明帝・元詡は国子学に行幸《ぎょうこう》して『孝経』を講じ、次いで三月二日に孔子と顔回を祀る釈奠を行った。あるいはこの儀礼を行う以前から『孝経』を学んでいたかもしれないし、金字『孝経』の献上は正光二年よりも前のことであった可能性は考えられる。しかし通常の墨とは異なり、特別に金字経が献上された点から考えると、日常的な学習に用いる本ではなく、講義の場での使用を意図していた可能性が高いだろう。河間王琛伝に言う「粛宗が学問を始める」とは、国子学への入学を指し、その儀礼を意識して金字『孝経』を献上したとみなすのが妥当と思われる。

いずれにせよ『孝経』がまだ年若い皇帝に対して金字経という形で献上されたことは、つまり仏教経典以外の場合でも皇帝の地位に相応しい装飾として金が選ばれたという事実を表わしている。

梁武帝・蕭衍の金字経

北魏の金字経の事跡からしばしの時をへて、同じく六世紀の前半、五三〇〜四〇年代の南朝において、皇帝自身による仏典の金字経作成と、金字経による講義が行われた。それは仏教への傾倒でよく知られる梁《りょう》の武帝《ぶてい》、蕭衍《しょうえん》（四六四〜五四九、在位五〇二〜五四九）によるものである。

蕭衍は「菩薩戒弟子皇帝」と自らを称して、数々の仏教寺院を建立し、仏像を鋳造し、度重なる大規模な法会《ほうえ》や捨身《しゃしん》（蕭衍の場合は皇帝の地位を捨ててお寺に入ること）を行った人である。『南史《なんし》』（唐・李延寿《りえんじゅ》著）梁本紀では「仏教に溺れ、刑法をゆるめてしまった」と評されるように、時に仏教に耽溺するあまり、国乱を招いたとも批判される。

彼は皇帝としての国事をおろそかにするほど法会と捨身を繰り返した以外に、仏教経典の注釈と講義にも熱心であった。蕭衍による金字経作成は、彼の注釈撰述、講経、捨身と密接に関連している。仏教に傾斜していった後半生において、法会、講経、捨身などを一連の儀式として複合化させる中に、皇帝菩薩の威を表す金字経を取り込んだ過程を、以下で見ていこう。

金字経による講義の開催——『摩訶般若波羅蜜経』『三慧経』

蕭衍はすでに老境に入っていた七十歳の時、五三三年を皮切りに、金字経による講義を計四回行ったことが分かっている。

①中大通《ちゅうだいつう》五年（五三三）二～三月　同泰寺《どうたいじ》　金字『般若経《はんにゃきょう》』

②大同《だいどう》七年（五四一）三月　華林園重雲殿《かりんえんじゅううんでん》　金字『三慧経《さんえきょう》』

③中大同元年《ちゅうだいどう》（五四六）三月　同泰寺　金字『三慧経』

④太清《たいせい》元年（五四七）三～四月　同泰寺　金字『三慧経』

②～④で講義された『三慧経』とは、一般的に知られている経典ではなく、①で講義された『摩訶般《まかはん》若波羅蜜経《にゃはらみつ》』（後秦《こうしん》・鳩摩羅什《くまらじゅう》訳）の中から、巻二十一「三慧品」のみを抜き出して一つの経典として単行させたものである。つまり四回の講義で講じられたのは全て『摩訶般若波羅蜜経』だったということである。

①の出来事について記した文章（『広弘明集《こうぐみょうしゅう》』巻十九「梁蕭子顕御講金字摩訶般若波羅蜜経序」）に「翠縑《すいけん》」「金篆《きんてん》」とあるので、蕭衍が作った金字『摩訶般若波羅蜜経』は青緑色の絹布に金泥で書写されていたようである。

蕭衍の金字経は明らかに講義で用いるために作られた。皇帝たる自身が人々を前にして講義を行うのに金字経を使うのは、北魏の前例のように、他の僧侶らの講義とは差別化し、天子としての権威を示すためのものであっただろう。

講義の前後に行われた様々な行事――大会・布施・捨身・大赦・改元など

蕭衍が行った金字経による講義は非常に大規模であった。①五三三年には、皇太子・王侯・官僚など六九八人、僧侶千人、その他三十一万人が集い、②五四一年には皇太子・王侯・官僚など一三六〇人、僧侶千人が集められたと伝えられている。

また、講義に膨大な聴衆が集められただけでなく、講義の前後にも様々な行事が連なっていた。経典講義以外に行われたのは以下の行事である。

①四部大会《しぶだいえ》（出家・在家の男女のための法会）・講経《こうきょう》
②講経・布施《ふせ》
③大会・講経・捨身・奉贖《ほうとく》・法会・大赦《たいしゃ》（犯罪人への恩赦）・改元《かいげん》（元号を改める）
④無遮大会《むしゃだいえ》（分け隔てのないあらゆる人のための法会）・講経・捨身・奉贖・大赦・改元

講義はそれだけ単独で行われたのではなく、大規模な法会や布施を伴っていた。特に③④は、蕭衍にとって三度目と四度目に当たる捨身とともに催されており、大会から改元までの全体の流れもほぼ同じであった。

蕭衍の経典講義と注釈書

すでに触れたように、そもそも梁の武帝・蕭衍は経典の注釈を作ること、講義を行うことに熱心であった。『梁書《りょうじょ》』（唐・姚思廉《ようしれん》著）武帝紀には次のように記されている。

また篤く仏法を信じ、特に仏教経典を得意として、『涅槃《ねはん》経』『大品《たいぼん》経』（『摩訶般若波羅蜜経』）『浄《じょう》名《みょう》経』（『維摩詰所説《ゆいまきつしょせつ》経』）『三慧経』といった諸々の経典の義記《ぎき》（注釈書）を数百巻作った。政事の余暇には、重雲殿と同泰寺で講義し、名僧や碩学、出家・在家の男女の聴衆が、いつも一万人余りであった。

彼が講義と注釈をしたのは仏教経典だけではなかった。例えば天監《てんかん》二年（五〇三）四十歳の時、自ら『孝経』の講義をしている。また、書物そのものは伝わっていないが、『孝経義疏《こうきょうぎそ》』十八巻を撰述したという記録が残っている（『隋書《ずいしょ》』経籍志《けいせきし》）。『梁書』武帝紀によると、『孝経』以外にも、『周易講疏《しゅうえきこうそ》』から『老子講疏《ろうしこうそ》』に到るまで合わせて二百巻余りを著したと記されており、後世の書籍目録にも多くの著作が記録されている。

仏教経典にしても、儒教経典や『老子』にしても、講義と注釈書の著述は一体となって行われていた。講義を記録したものが注釈書となるし、注釈書を書いてそれをもとに講義するというように、相互に連関しているのである。仏教経典の注釈書数百巻、儒教経典や『老子』の注釈書二百巻余りという著作数を考えると、歴史書などにはっきり記録されている事跡以外にも、かなりの頻度で講義を催していたらしいことが窺える。

蕭衍の金字経による第一回の講義は既に老境の七十歳の時であるが、講義自体はそれが初めてだったわけではなく、以前からの度重なる講義の延長線上にあったのである。

蕭衍と『摩訶般若波羅蜜経』

蕭衍は仏教経典、儒教経典、『老子』などに幅広く注釈を著し、講義を行っていたが、その中で特に金字経と結びついたのは鳩摩羅什訳『摩訶般若波羅蜜経』（しばしば『大品経』と呼ばれる）であった。

蕭衍は天監十一年（五一二）、四十九歳の時に『摩訶般若波羅蜜経』の注釈を作っている。名僧二十人とともに、同じく鳩摩羅什訳の『大智度論《だいちどろん》』を参照しつつ、先行する北朝の注釈やその他先人の言論をも交えて注釈した。そしてこの注釈作成を発端として、蕭衍自身が『摩訶般若波羅蜜経』の講義を熱心に行うようになった。そして作り出されたのが金字『摩訶般若波羅蜜経』と金字『三慧経』であった。

当時の趨勢としては、『妙法蓮華《みょうほうれんげ》経』や『大般涅槃《だいはつねはん》経』の方が重要な経典とされていた。そんな状況の中で蕭衍が『摩訶般若波羅蜜経』の思想が持つ重要性を強く打ち出そうとしたことは、彼の『摩訶般若波羅蜜経』注釈の序文である「注解大品序《ちゅうかいたいぼんじょ》」（『出三蔵記集』巻八）に説かれている。またその中でも三慧品の思想をとりわけ重視し、『三慧経』のみに関する注釈も著した（『梁書』武帝紀下）。彼にとって特に重要であった『摩訶般若波羅蜜経』及び『三慧経』を人々の前で講じるために、金字経を特別に製作したのである。

蕭衍の捨身

蕭衍の金字経による講義には、それまでの経典講義以外にもう一つの背景がある。それは第三・四回目に金字経講義とともに行われた捨身である。

捨身の基本的な意味はわが身を捨てるという自己犠牲であるが、皇帝であった蕭衍の場合は、前述のように皇帝の地位を捨てて一個人としてお寺に入ったのであった。彼がお寺にいる期間は国政を行う皇帝が不在となるわけであり、国家の運営上は大変はた迷惑な行動と言える。彼は合計で四度捨身したことが文献に記録されており、第一回は大通《だいつう》元年（五二七）、第二回は中大通《ちゅうだいつう》元年（五二九）である。そして第三・四回目は金字経の講義と同時に行われた。

そこであらためて捨身（ⅠⅡⅢⅣ）と金字経講義（①②③④）の事跡を合わせて列挙すると、次のようになる。

Ⅰ　大通元年（五二七）三月　同泰寺　**捨身**・大赦・改元

Ⅱ　中大通元年（五二九）九月～十月　同泰寺　四部無遮大会・**捨身**・『涅槃経』講義・奉贖・四部無遮大会・大赦・改元

①中大通五年（五三三）二～三月　同泰寺　四部大会・**金字**『**般若経**』講義

②大同七年（五四一）三月　華林園重雲殿　**金字**『**三慧経**』講義・布施

Ⅲ③中大同元年（五四六）三月　同泰寺　大会・**金字**『**三慧経**』講義・**捨身**・奉贖・法会・大赦・改元

Ⅳ④太清元年（五四七）三～四月　無遮大会・**金字**『**三慧経**』講義・**捨身**・奉贖・大赦・改元

②以外は全て同泰寺というお寺で行われている。これは梁の都である建康《けんこう》（現在の南京）に蕭衍が創建したもので、宮城のすぐ北に隣接していた。蕭衍は同泰寺を建立するとともに、宮城の北側にもお寺

に面して大通門《だいつうもん》という門を造った。「同泰」と「大通」という名前は似た発音をひっくり返した関係にあり、対になる名前として付けられている。『南史』梁本紀には「それからは朝晩の講義には、よくこの門を通った」とあり、蕭衍が頻繁に同泰寺に赴いて講義を行っていたことが分かる。そして蕭衍は同泰寺落成後の三月にここで捨身し、さらに元号を門と同じ「大通」に改めたのである。

一連の儀式の中に取り込まれる

捨身（ⅠⅡⅢⅣ）と金字経講義（①②③④）を合わせて並べてみると、金字経の講義が一連の儀式の中へと取り込まれていったことが読み取れる。

最初に捨身したⅠの時、蕭衍は既に数えで六十三歳であった。この時は捨身の後に大赦・改元を行ったことだけが伝えられている。その二年後であるⅡの時には、前後に四部無遮大会《しぶむしゃだいえ》を催し、かつ捨身してお寺にいる時期に『大般涅槃経』の開題の講義を行った。講義後の奉贖《ほうとく》とは、臣下たちがお寺に多額のお布施（Ⅱ・④に関する記録には「銭一億万」とある）をして、言わば皇帝を請《う》け出したのである。また、臣下からは皇帝の位に戻るよう三回お願いし、蕭衍からも三回返事をするという手順が踏まれた。

大通元年からの六つの事跡に見て取れるように、Ⅰでは捨身・大赦・改元と比較的簡略であった行事が、Ⅱの段階で法会・捨身・講義・奉贖・法会・大赦・改元という一連の流れに発展し、それがⅢ③とⅣ④へと受け継がれた。そして、Ⅱの講義では『大般涅槃経』が講じられたが、その後の①で金字『摩訶般若波羅蜜経』、さらに②では三慧品のみの金字『三慧経』の講義が行われ、それがⅢ③の時に一連の儀式へと組み込まれたのである。

蕭衍は宮城のすぐ隣に同泰寺を建てて初めて捨身を行ってから、どんどん構想を膨らませていき、法会や改元などを複合させるだけでは飽き足らなくなった。そして皇帝に相応しい特別な経巻である金字経、特に自分にとって重要であった三慧品の金字経を作り、それも捨身その他の一連の行事と組み合わせた。

釈奠儀礼との関わり

ここで、すでに触れた北魏孝明帝《こうめいてい》、元詡《げんく》の金字『孝経』と釈奠《せきてん》の儀礼について思い出していただきたい。『孝経』の講義と孔子・顔回への祭祀は梁代にも同様に行われていた。釈奠の伝統を持っていた梁王朝において、仏教の面でも四度の金字経講義が行われ、かつそれが大々的な一連の儀式の一部であったのには、関連を考えねばなるまい。

Ⅰでは捨身・大赦・改元だけであったが、Ⅱの段階でそこに法会と経典講義が加わり、複合的な儀式として構想された。その背後には、儒教における経典講義と釈奠の儀礼があったと考えられるのである。儒教経典講義と太学で孔子・顔回を祀るという儀礼をモデルにし、それを仏教に移し換えて行うこと、それが蕭衍の経典講義と捨身が持つ意味の一端だったのではないだろうか。

釈奠の際には多くの場合『孝経』が講じられたのが、蕭衍のⅡ『大般涅槃経』とⅢ③、Ⅳ④金字『三慧経』に相当する。そして太学での孔子・顔回への祭祀が、同泰寺で捨身して仏に身を捧げることに相当するのである。

講義する経典が『大般涅槃経』から『三慧経』へと変わり、しかも金字経が用いられたのは、Ⅱの捨身後に①金字『摩訶般若波羅蜜経』②金字『三慧経』の講義を開催したことを承けている。釈奠をモデルとして捨身の複合的儀式化をした後、金字経の作成と講義を経て、さらに金字経をも捨身の儀式の中に取り入れた。一連の儀式の中で、皇帝菩薩たる蕭衍をより高め、より輝かしくしてくれる道具、それが金字経だったのである。

『摩訶般若波羅蜜経』の本生譚——前世物語の再現

『摩訶般若波羅蜜経』が蕭衍にとって重要な経典であったことはすでに述べた。しかしそれだけがこの経典の金字経を作った理由だったわけではない。思想的に重視した経典であっても、ただ講義をするだけなら普通の墨で書いたものでも差し支えはない。この経典が金字経にされたのには、実はもう一つ大きな理由があった。それは『摩訶般若波羅蜜経』の中で語られているある本生譚《ほんじょうたん》（前世物語）に発する。

『摩訶般若波羅蜜経』常啼品《じょうたいほん》には、薩陀波崙《さったはろん》と曇無竭《どんむかつ》の物語が登場する。この本生譚については、すでに血字経の節でも血でその場を洗い浄めるという場面に触れた。実はこの物語の中には金でできた『般若経』が出てくるのであり、その道具立てを巻物の形で再現したのが、蕭衍の金字経だったと考えられるのである。

薩陀波崙と曇無竭の物語

薩陀波崙（梵語ではサダープラルディタ、漢訳では他に常啼《じょうたい》、常悲《じょうひ》とも訳される）と曇無竭（梵語ではダルモードガタ、漢訳では他に法来《ほうらい》、法上《ほうじょう》とも訳される）の物語は、もともとは釈迦の本生譚であり、内容が潤色されながら般若経系統の経典の中で受け継がれた。漢訳では、『道行般若経《どうぎょうはんにゃきょう》』（後漢《ごかん》・支婁迦讖《しるかしん》訳）、『大明度経《だいみょうどきょう》』（呉《ご》・支謙《しけん》訳）、『放光般若経《ほうこうはんにゃきょう》』（西晋《せいしん》・無羅叉《むらしゃ》訳）、『小品般若波羅蜜経《しょうぼんはんにゃはらみつきょう》』（後秦・鳩摩羅什訳）、そして『摩訶般若波羅蜜経』（後秦・鳩摩羅什訳）に見られる。その物語のあらましはおおよそ次の通りである。

薩陀波崙菩薩は般若波羅蜜（智慧の完成、智慧によって彼岸に到る）を追い求めていた。彼は、曇無竭菩薩が東の方にある衆香城《ガンダヴァティー》で般若波羅蜜を人々に説き聞かせている、というお告げを受けた。そこで曇無竭を師とするために、東へ向けて旅に出た。旅の途上で試練に遭いつつ、多くの人を引き連れて衆香城に辿り着き、曇無竭に会った。するとそこには煌びやかな七宝の台があり、台の上には黄金の牒《ちょう》（小型の薄い板）に書かれた般若経が置かれ、封印されていた。その後、曇無竭は三昧《ざんまい》（瞑想状態）に入り、七年たって三昧から目覚め、薩陀波崙らに般若波羅蜜を説き聞かせた。

ではこの物語の中で、黄金の般若経の登場する場面を鳩摩羅什訳『摩訶般若波羅蜜経』によって見てみよう。

薩陀波崙菩薩は長者の娘、及び五百人の侍女とともに、多くの宝で荘厳し、周りをぐるりと回って恭しく礼をし、一緒に曇無竭菩薩のところにやって来た。その時、曇無竭菩薩には七宝《しっぽう》の台があり、赤い牛頭栴檀《ごずせんだん》で荘厳し、真珠の網で台の上を覆い、四隅には宝珠を掛けて明かりにし、四宝の香炉でいつも上等のお香を焚いていたのは、般若波羅蜜を供養するためでった。その台の中には七宝の大きな床《しょう》（上に座ったり寝たりする家具）があり、四宝の小さな床がその上に重ねられていた。黄金の牒に『般若波羅蜜経』を書いて、小さな床の上に置いてあり、様々な旗や天蓋で荘厳され、その上に垂れ下がっていた。……釈提桓因《しゃくだいかんいん》（帝釈天《たいしゃくてん》）は言った。「善男子よ。この台の中には七宝の大きな床があり、四宝の小さな床がその上に重ねられている。黄金の牒に『般若波羅蜜経』を書き、小さな床の上に置いて、曇無竭菩薩は七宝の印でそれを封印したので、私たちは開いてお前に見せてやることができないのだ」。

（大正八・四二〇中）

曇無竭の黄金の経典

この薩陀波崙と曇無竭の物語に出てくるのは「黄金の牒」であり、牒というのは文字を書くための小型の薄い板のことである。形状としては貝葉《ばいよう》（貝多羅葉《ばいたらよう》の略称、椰子《やし》の一種の葉で紙として使われた）に近いものをイメージすればよいだろう。これは言うまでもなく北魏や梁で作られた紙や絹布と金字の巻物とは異なる。また、一般に大乗経典ではしばしば写経の功徳を強調し、写経を奨励するが、この物語は金による写経を勧めているわけではない。形態の面でも、文脈の上でも懸け離れているのであって、この曇無竭の金牒を中国での金字経作成全般の出典と見なすことはできないのである。

しかしながら蕭衍の場合には、他でもなくこの『摩訶般若波羅蜜経』の金字経を作ったのであり、金字経作成の動機の一端がこの曇無竭の黄金の牒に発しており、これを意識して作ったことは間違いない。そのことは、蕭衍自身やその子である蕭繹《しょうえき》、さらにはやや後の陳の宣帝《せんてい》、陳頊《ちんきょく》の文章にしばしば「金牒」という言葉が出てくることからも窺い知れる。

蕭衍自身の書いた文章では「宝台金牒」（『出三蔵記集』巻八「注解大品序」）、「金牒の深き経」（『広弘明集』巻二十八「金剛波若懺文《こんごうはにゃさんぶん》」）、また息子である蕭繹《しょうえき》の「金牒は空によって解き」（『広弘明集』巻二十「梁《りょう》簡文帝法寶聯璧序《かんぶんていほうほうれんぺきじょ》」）、「ここに金牒を宣べ」（『広弘明集』巻二十「内典碑銘集序《ないてんひめいしゅうじょ》」）、そして陳の宣帝、陳頊の「金牒宝印」（『広弘明集』巻二十八「勝天王般若懺文《しょうてんのうはんにゃさんぶん》」）といった言葉は、明らかに曇無竭の黄金の牒を意識した表現である。特に蕭衍の最初の例は『摩訶般若波羅蜜経』の注釈の序文で、「宝台」が「金牒」と組み合わせられており、この語句の前にも薩陀波崙のエピソードを指す言葉が連なっている。また陳頊の例でも「宝印」が組み合わせられ、曇無竭の七宝の印を指すのは明白である。

これらの例から、蕭衍とその周辺の人々に曇無竭の黄金の経典のイメージが浸透し、受け継がれていたことが分かる。具体的な形態こそ異なるが、蕭衍が作った金字経にはやはり曇無竭の金牒のイメージが重ねられていたのである。

本生譚の再現と追体験——劇場化する講義の場

薩陀波崙と曇無竭の物語に登場する金牒の経典は、宝台と宝床の上に恭しく置かれ、宝印によって封印されている。この金牒は般若波羅蜜の教えの尊さを象徴していると同時に、人々の師として般若波羅蜜を説いた曇無竭の尊さを表すアトリビュート（特徴的持ち物）でもある。蕭衍の金字経も、金の板と巻物という違いはあるものの、やはり持ち主の尊さを象徴するという点では同じである。そして、蕭衍が金字経を用いて人々に講義を行ったのには、自らを曇無竭に、講義参加者を薩陀波崙らになぞらえる意図があったと考えられる。

薩陀波崙と曇無竭の物語のラストでは、自らを慕ってやってきた薩陀波崙たちに、曇無竭が金色に光り輝く経典を示し、般若波羅蜜の教えを説く。この物語が蕭衍に深い印象を与えていたことは、前述の蕭衍その他の文章に見られる用例で明らかである。

蕭衍にとって、『摩訶般若波羅蜜経』の本来の姿は、ありふれた墨で書かれた経巻ではなく、物語に登場する曇無竭の「金牒」であった。そしてそれに少しでも近づく方法が金字経だったのである。

彼が金字経を用いて人々に行った『摩訶般若波羅蜜経』講義、それは曇無竭の物語のラストを再現することに他ならない。薩陀波崙と曇無竭の宗教的情熱に溢れた物語が、彼の手によってまざまざと甦るのである。その時、講義の場は一種の劇場となり、蕭衍は聴衆たちに薩陀波崙と曇無竭の物語を追体験させ、法悦をともにしたのである。

血字経の節で、本生譚の中の善行を真似することは悟りへと近づく道であったと述べた。蕭衍の金字経の場合は、自分自身は悟りを説き聞かせる曇無竭の立場にあり、薩陀波崙に相当する聴衆たちを導く役割である。やはり皇帝として他の者より一段上に身を置くのである。また、一個人として自分だけが本生譚を模倣して善行を行うのではなく、大勢の人と一緒に再現する点が特徴である。蕭衍は自分が曇無竭を演じることによって、大勢の人を悟りへと導こうとするのであり、その点では利他的とも言える。

以上のように、蕭衍の金字経は単なる装飾にとどまらなかった。本生譚の再現という意義を持ち、また儒教の釈奠儀礼とパラレルな仏教儀礼として、捨身にともなう一連の儀式の中に組み込まれた。蕭衍はその後半生に仏教へと深く没入していた。そんな彼にとって、晩年に二度開催した法会、金字経講義、捨身という複合的儀式は、それまでに自他のために行って来た様々な信仰に根ざした行為を、集大成する意味があったのだろう。

南岳慧思の金字経——不滅の経典

蕭衍の金字経作成と講義からさらに十年ほど後、金字経にはもう一つ重要な意味が込められていたことを教えてくれる例が現れる。それは南岳慧思《なんがくえし》（五一五—五七七）の金字経である。南岳慧思は後に天台宗《てんだいしゅう》を開いた智顗《ちぎ》（五三八—五九八）の師である。慧思はもともと北方の出身で、豫州《よしゅう》汝陽郡《じょようぐん》武津県《ぶしんけん》（現在の河南省駐馬店市上蔡県）に生まれた。その後五岳の一つである南岳衡山《こうざん》（現在の湖南省衡陽市《こうようし》）に入ろうと南に向かった。しかし南北の戦乱に阻まれ、ひとまず光州《こうしゅう》大蘇山《だいそざん》（現在の河南省信陽市）を拠点とした。後に南岳に到り、南岳慧思と呼ばれるようになった。

慧思が金字経を作ったのは南岳衡山に入る前、大蘇山を拠点として教化を行っていた時期である。慧思の金字経は蕭衍の意図を継承しつつ、当時の時代性と中国古来の伝統的観念の中で新たな展開を見せ、仏法不滅の象徴という意味を持つようになったのである。

南岳慧思の弥勒信仰と末法思想

慧思の金字経の基盤となったのは、彼の弥勒《みろく》信仰と末法《まっぽう》思想である。

弥勒は未来仏（将来仏、当来仏とも呼ばれる）であり、現在仏である釈迦と、それ以前に出現した過去仏に対して、未来に現れる仏とされる。現在は兜率天《とそつてん》（仏教の世界観における天界の一つで、未来に仏となる菩薩がいる場所）におり、しばしば五十六億七〇〇〇万年後と言われるように、遥か未来にこの世に出現するとされた。釈迦が入滅した後、次に現れてくれる救済者として人々の期待を集めたのである。

末法思想とは、正法《しょうぼう》・像法《ぞうぼう》・末法という三つに時代を分ける仏教の観念に基づく。正法は正しい教えがこの世に行われている時代、像法とは正法そのものではないが正法にまだ似ている時代、そして末法は仏法がさらに衰退して、修行して悟る者が誰もいなくなった時代を指す。三時とも呼ばれるこの仏教的時代観念は、仏法が徐々に衰え失われていくという衰退史観に基づいている。

慧思は自分が末法の世に生まれ、次第に消え去りつつある仏法に危機感をつのらせた。それとともに将来この世に出現するであろう弥勒仏への期待を高めた。そこで作られたのが、彼の金字『摩訶般若波羅蜜経』と金字『妙法蓮華経』だった。

慧思の発願と金字経作成――『南岳思大禅師立誓願文』

慧思が金字経を作った時、自身のそれまでの行跡と作成に到った経緯、末法の危機感と弥勒仏出現の希望を述べた文章を著した。それが『南岳《なんがく》思《し》大禅師《だいぜんじ》立誓願文《りゅうせいがんもん》』（以下『立誓願文』と略す）である。この文章は中国における末法の年代を明言した最初期の資料としてよく知られている。

かなり長い文章であるが、その中から慧思の金字経にかける決意と願いが表れた関連の部分を抜き出して読んでみよう。

釈迦牟尼仏《しゃかむにぶつ》は八十年余りこの世にいて説法し、衆生によくして導いてやった。教化の縁がもはや尽きると、滅度《めつど》（涅槃に入る、亡くなる）された。滅度の後、正法はこの世に五百年あり、正法が滅すると、像法がこの世に千年あり、像法が滅すると、末法がこの世に一万年ある。私慧思は末法八十二年、乙未の年（北魏延昌《ほくぎえんしょう》四年、五一五）の十一月十一日、大いなる魏の国の南の豫州汝陽郡武津県に生まれた。……四十二歳になった時は、末法一二三年であった。光州城の西の観邑寺《かんゆうじ》でまた摩《ま》訶衍《かえん》（大乗）の義を一度講じた。この時悪い論師がたくさんいた。競うようにやってきて邪魔をし、嫉妬の心を抱いて、みな殺そうとし、般若波羅蜜の義を破壊しようとした。私はその時大悲の心を起こし、悪い論師のことを思い、そこで誓願を発して、次のように言った。「誓って金字の『摩訶般若波羅蜜経』と諸々の大乗経典を作り、瑠璃の宝箱でもって恭しく経巻を収め、無限の身を十方の国土に現してこの経を説き、一切の悪い論師たちにみな信心を持たせ、不退転《ふたいてん》の位にいさせるのだ」。四十三歳になった時は、末法一二四年であった。南定州にて、刺史《しし》に摩訶衍の義を一度講じてくれと頼まれた。この時悪い論師がたくさんいた。……その時発願《ほつがん》した。「私はこれらの者と一切の衆生のために、誓って金字『摩訶般若波羅蜜経』一部を作り、浄瑠璃と七宝で箱を作り、恭しく経巻を収める。様々な宝で飾った高座、七宝のとばりと天蓋、玉飾りの幕、華・香・瓔珞《ようらく》、種々の供え物で、『般若波羅蜜経』を供養する。それから私は十方と六道にあまねく無量の色身を現して、数え切れない時の流れの果てに、菩提を成し遂げるのだ。十方の一切衆生のために、『般若波羅蜜経』を説くであろう。そこでその間には曇無竭《どんむかつ》のように法師となったり、薩陀波崙《さったはろん》のように求《ぐ》法《ほう》の弟子となったりするのである」。発願した後、悪僧たちはみな退散してしまった。この願を発すると、すぐに教化をし、「私は金字『摩訶般若波羅蜜経』を作るのだ」と言った。四十四歳になった時は、末法一二五年で、戊寅の年、大蘇山の光州の境内に戻り、各方面に呼びかけた。「金字『摩訶般若波羅蜜経』を謹んで作りたいので、経巻作りのリーダーが必要なのだが、作れる者は誰かいるか」。その時僧合《そうごう》という名の僧がいて、ふいにやって来て「私は金字『般若経』を作れます」と言った。経巻作りのリーダーが見つかって、すぐに至る所で教化を行った。諸州の刺史と各地の平民、僧侶と俗人が、種々の財宝を手に入れると、それで金を買い求め、経巻作りに充てた。正月十五日から教化し、十一月十一日になって、南光州光城都光城県斉光寺《せいこうじ》で、やっと取り掛かることができ、以前の願いの通り、謹んで金字『摩訶般若波羅蜜経』一部を作り、また瑠璃の宝箱を作って収めた。そこでその時大いなる誓願を発した。「どうかこの金字『摩訶般若波羅蜜経』と七宝の箱が、大願のおかげで、あらゆる邪悪な者どもや災難にも壊せませんように、どうか当来の弥勒世尊がこの世に現れますように」。（大正四六・七八七上）

引用が少し長くなったが、慧思の金字経にかけた思いが伝わってくる。慧思は自分が仏法の衰えゆく末法の世に生まれたことをひしひしと感じ、今が末法に入って何年目かを指折り数えていた。悪僧たちの妨害に心を痛め、金字経の作成を決意した慧思は、人々に呼びかけ、喜捨《きしゃ》を募ったのである。そして金字経が破壊されることなく残り続け、未来仏である弥勒がこの世に降臨するよう願った。

また『続高僧伝』慧思伝にも金字経作成についての記述がある。『摩訶般若波羅蜜経』の他に『妙法蓮華経』も作って講義したこと、後に弟子の智顗にも金字経で講義をさせたことが、次のように述べられている。

僧侶・俗人の喜捨によって金字『摩訶般若波羅蜜経』二十七巻、金字『妙法蓮華経』を作った。瑠璃の宝箱は、美しく飾られて光り輝き、その功徳は飛び抜けて高く、人々の心を大いに啓発した。また二つの経典を講義してくれるよう頼むと、またたく間に解説し、どの文言についても入神の域で、全てが奥深かった。後に学士であった江陵《こうりょう》の智顗に命じて金字経を代講させた。（大正五〇・五六三上）

蕭衍からの継承

慧思の金字経の場合にもやはり第一に、尊い経典を美しく飾るという荘厳の意味が込められている。さらに、「曇無竭のように法師となったり、薩陀波崙のように求法の弟子となったり」と述べているように、蕭衍によって込められた本生譚の再現という意義もそのままに受け継がれていることが明らかである。慧思の場合もやはり上述の常啼《じょうたい》品の薩陀波崙と曇無竭の物語を意識して、『摩訶般若波羅蜜経』の金字経を作成したのである。

『続高僧伝』慧思伝に述べられるように、慧思は金字の『摩訶般若波羅蜜経』と『妙法蓮華経』を作り、周りから請われてこれら二経の講義を行った。そして後に天台宗を開く智顗にも代講させた。聴衆とともに本生譚を再現し、追体験するという蕭衍の構想は、慧思に継承されただけでなく、後には智顗によって天台山にも受け継がれただろう。

北魏の王室による事例で明らかだったように、そもそも金字経は王侯及び経典に相応しい装飾である。そこに南朝の梁において、蕭衍がさらに曇無竭の物語のイメージを合流させた。それによって、王侯貴族ではない僧侶の慧思、智顗たちにも行われるようになったと跡づけることができるだろう。

不朽不滅の象徴――黄金が持つ不滅のイメージ

慧思の金字経にはもう一つ明らかにすべき重要なポイントがある。それは金が古来備えている不滅のイメージである。

よく知られているように、金は様々な金属の中でも非常にさびにくく、永遠の輝きなどと称される。この特性ははるか昔の人たちも知っていたことで、そこで金は古くから不朽不滅を象徴するものとされた。例えば字書における金の解説を例としてみよう。現存する最古の漢字字書である『説文解字《せつもんかいじ》』（後《ご》漢《かん》・許慎《きょしん》著）では次のように説明している。

> 金は、五色の金属である。黄色のものが最上である。長時間埋めておいても錆がつかない。百回精錬しても重さが変わらない。形を変えてもその通りになる。

時を経ても錆びつかず輝きを失わない、質量が変わらない、柔軟性に富み形状を自在に変えられる、という特徴が述べられている。このように金は不変性と変幻自在さを兼ね備えたものとされる。また、金には死体を腐敗させない不思議な効力があると考えられていた。例えば『漢東園秘記《かんとうえんひき》』（『太《たい》平御覧《へいぎょらん》』巻八一一の引用より）には「亡くなった人は黄金で九つの穴を塞げば、死体がいつまでも朽ちない」、『抱朴子《ほうぼくし》』（東晋《とうしん》・葛洪《かっこう》著）対俗篇《たいぞく》には「金玉が九つの穴にあれば、死人はそのおかげで朽ちない」と述べられている。

これらが言う金玉の不朽不滅の力を具体化した遺物の例がある。それは金縷玉衣《きんるぎょくい》と呼ばれるものである。金縷玉衣は漢代に王侯の屍《しかばね》を包む殮服《れんぷく》とされた。徐州《じょしゅう》獅子山《ししざん》楚王墓《そおうぼ》出土のものを代表として、複数の出土品が発見されている。玉でできた小さな板を金糸で繋ぎ合わせた衣は、王侯の位に相応しい装飾であると同時に、死体の腐敗を防ぐ力が期待されていた。金玉によって亡骸を隅々まで覆い尽くし、生前の肉体そのままに保とうとしたのである。いつまでも輝き続ける不滅の象徴と、死者との結びつきという点からは、古代エジプト文明が生み出した黄金のマスクや副葬品が連想される。異なった文化にも現れうる人類に普遍的な発想と言っていいかもしれない。

盛り上がる末法思想の中で――石経と同じ目的

以上のように、中国では少なくとも漢代から、黄金は玉とともに永久にして不滅の存在と捉えられていた。このイメージをもとに、末法《まっぽう》の世を憂える慧思によって、弥勒《みろく》がこの世に現れる時まで輝きを保ち続ける不滅の経典として、金字『摩訶般若波羅蜜経』と金字『妙法蓮華経』が作られたのである。

慧思四十二歳の時、すでに末法の時代に入って久しく、迫り来る仏法の崩壊に対して湧き起こる切実な危機感があった。その憂慮は同時に未来仏である弥勒の出現への期待を高めた。そこで彼は金字経作成を発願し、二年後にその願いを実現させた。「どうかこの金字『摩訶般若波羅蜜経』と七宝の箱が、大願のおかげで、あらゆる邪悪な者どもや災難にも壊せませんように、どうか当来の弥勒世尊がこの世に現れますように」という言葉には、不滅の力を備えた金字経であれば、世の中の如何なる変化や災厄にも壊されることなく、未来に弥勒が現れるのを待ち望んで、いつまでも朽ちることなく伝わり続けるだろう、という彼の期待が込められている。

金が備える不滅のイメージは中国古来のものであり、北魏の王室と梁武帝・蕭衍の金字経とも無関係ではなく、荘厳とともに不滅の意味もある程度含まれていただろう。ただ、六世紀後半になって盛り上がってきた末法思想との結びつきによって、不滅の象徴という意味合いが重要性を増し、慧思によってより強く前面に打ち出されたのである。

そして、慧思が金字経によって果たそうとした願いは、しばしの時をへた北朝では一味違う形で実現が目指された。それは石に経典を刻み込んだ石経《せっけい》である。北斉の響堂山《きょうどうざん》の唐邕《とうよう》、隋代の宝山霊泉寺《ほうざんれいせんじ》の霊裕《れいゆう》、房山雲居寺《ぼうざんうんごじ》の静琬《じょうえん》といった人々が、同じく末法の世を憂えて石刻の仏教経典を作り始めた。

経典を長く保存していくために石経にするというのは、中国においては長い伝統がある。始皇帝《しこうてい》の封《ほう》禅《ぜん》の際の石碑、故人の美徳を称えた墓誌銘《ぼしめい》の数々、また後漢の熹平石経《きへいせっけい》、三国・魏の正始石経《せいしせっけい》など、石に刻みつけることで文章を永遠に残そうとして作られた碑刻《ひこく》は古来数多い。房山石経に代表される仏教石経は、このような長い碑刻の歴史に連なっている。

石経は確かに紙の経典よりも保存性が高く、破損や磨滅などはもちろんあるものの、非常に古いものが現在まで残っている。仏教石経の中では特に房山石経が隋代から千年もの長きにわたって作り続けられ、規模と保存状態で特に優れている。石に刻んで先々まで残していくことは、中国古代においては普遍的な方法であった。

その一方で金字経はというと、最初に述べたように中国の例で現存するものは非常に限られている。日本の金字経はかなりの数がありはするが、最古でも八世紀奈良時代である。絹地や紙に書かれた金字経は、実際の保存性においては通常の経典と何ら変わらなかった。しかしそこには、石経と同じように永久不滅の願望が託されていた。たとえ実際には脆く壊れやすくても、慧思の観念の中では永遠に光り輝き、後世に久しく伝わりうる不滅の経典と考えられていたのである。

日本の金字経――不滅の意義の継承と展開

ここからは後の日本への伝来と継承、展開について考えていきたい。

これまでに述べたように、金字経は中国において、古くは北魏に始まり、梁から隋へと展開して後々まで作り続けられた一方で、すくなくとも奈良時代には日本にも伝来していた。すでに触れたように、天平《てんぴょう》十二年（七四〇）に聖武《しょうむ》天皇の勅旨による金字経が国分寺《こくぶんじ》に頒布されている。金字経や金字経の作成技術が中国から日本へ直接伝来したのか、それとも朝鮮半島を経由したのかは定かではないが、天平十二年以前に伝わっていたのは間違いのない事実である。

では、日本における金字経にはどのような意義が込められていたのだろう。そこには慧思の金字経が持っていた不滅の意義が受け継がれていたのだろうか。日本独自の展開はあったのだろうか。

以下では、慧思の観念が直接的に伝えられた可能性と、平安期から流行した埋経の中での金字経という二つのポイントを中心に考えてみよう。

中国製金字経の鑑真・最澄による伝来

天平十二年の金字経頒布から少し後、鑑真《がんじん》によって中国で作られた金字経が日本へともたらされた。

鑑真が日本に渡来したのは天平勝宝《てんぴょうしょうほう》五年（七五三）年末である。この時鑑真は金字『大品《たいぼん》経』（すなわち『摩訶般若波羅蜜経』）と金字『大集《だいじっ》経』（すなわち『大方等大集《だいほうどうだいじっ》経』）各一部を携えてやって来た。そのことは『唐大和上東征伝《とうだいわじょうとうせいでん》』（奈良・淡海三船《おうみのみふね》著）に記されている。

それから半世紀ほど後、唐での留学を終えた最澄《さいちょう》も中国製の金字経を持ち帰った。最澄は言わずと知れた日本天台宗の祖であり、持ち帰った金字経は恐らく天台山《てんだいさん》のものである。『伝教大師将来目録《でんぎょうだいししょうらいもくろく》』（台州録《だいしゅうろく》と越州録《えっしゅうろく》の二つからなる、伝教大師は最澄の諡号《しごう》）は最澄が唐から持ち帰った文献のリストで、その冒頭にある最澄が記した上表文によって、彼が金字の『妙法蓮華経』『金剛般若経』『菩薩戒《ぼさつかい》経』『観《かん》無量寿《むりょうじゅ》経』合計十巻を持ち帰り、延暦《えんりゃく》二十四年（八〇五）七月十五日に桓武《かんむ》天皇に献上したことが分かっている。これら四種の経典はいずれも以前から日本に流布している主要経典で、ありふれたものである。つまり最澄は、経典自体を日本に伝えるのが目的だったのではなく、金字経という特別な価値があるからこそこれらを持ち帰ったのである。

慧思からの継承——天台山から比叡山と都へ

このように八世紀中頃には日本に金字経の作成技術や中国製の金字経が伝えられていたのだが、では思想的意味づけについてはどうだろう。この問いについても、『伝教大師将来目録』が我々に答えを与えてくれる。

『伝教大師将来目録』台州録の中には「発願文《ほつがんもん》一巻（南岳思大師説）」と記載されている。この「発願文」とは『立誓願文《りゅうせいがんもん》』を指していると考えられる。名前が違うではないか、と思うかもしれないが、文章のタイトルは後から他の人が内容に基づいて付けたり、通称が普及したりする場合がよくある。例えば経典の場合でも、『摩訶般若波羅蜜経』はしばしば『大品経』と呼ばれた。そのため、呼び方が少し異なっていても実は同じ文章を指すケースは少なくない。

慧思の著作に関する様々な記録を見てみると、『大唐内典録《だいとうないてんろく》』（唐・道宣著）巻五には「弘誓願文《ぐせいがんもん》」が記載されている。また日本の記録では、『東域伝灯目録《とういきでんとうもくろく》』（平安・永超《えいちょう》著）に「発願文」「弘誓願文」と記載がある。では「発願文」「弘誓願文」という名称が指し示している可能性の高い著作はというと、それはやはり『立誓願文』以外にないだろう。

『立誓願文』では全体に「立大誓願」「発誓願」「発大誓願」「発弘誓願」といった表現が繰り返し現れる。このように多数出てくる印象的な語句に基づいて「立誓願文」「発願文」「弘誓願文」という名称が付けられたと考えるのが自然である。そもそも最澄が唐から持ち帰って献上した金字『妙法蓮華経』等は、恐らく天台山で慧思の考え方を継承して作られたのである。その根本となる考え方を高らかに表明した『立誓願文』をあわせて持ち帰るのは、ごく自然なことであろう。従って、最澄が持ち帰ったのは慧思の『立誓願文』に他ならず、それによって慧思の末法思想と弥勒信仰、金字経に込められた不滅の願いが比叡山や京の都へと伝えられていたのである。

日本の末法思想の高まりと埋経――経典のタイムカプセル

慧思の金字経の意味づけが最澄によって伝えられてから約二百年後、平安時代後半の十一世紀になると、日本にも末法思想の高まりが訪れた。ここで興ったあるムーブメントの中で、不滅の経典という意味づけが鮮明に表されることになる。それは、一種のタイムカプセルとして経典を地中に埋納《まいのう》した経塚《きょうづか》、埋経《まいきょう》の流行である。

確認できる最古の例とされるのは藤原道長（九六六―一〇二八）の金峯山《きんぶせん》埋経であり、その影響の下で、十一世紀から十二世紀にかけて各地で多くの経塚が作られ、その後さらに江戸期まで続いていった。経塚に埋納された経典の形態は、通常の紙墨による経巻以外に瓦や銅板に刻んだ場合もあったし、また最初期の例である藤原道長の埋経がそうであったように、しばしば金字経が埋納された。そしてそこには、やはり弥勒信仰と不滅の願いを明らかに書き記した願文を見出せるのである。

十一世紀初頭、藤原道長の金峯山埋経

寛弘《かんこう》四年（一〇〇七）八月十一日、藤原道長は金銅の経筒（図2）に自ら書写した紺紙金字の『妙法蓮華経』（図3）『無量義経《むりょうぎきょう》』『弥勒上生経《みろくじょうしょうきょう》』等を納め、奈良の金峯山経塚に埋納した。その経筒の側面には次のような銘文が刻まれていた。

南の贍部州《せんぶしゅう》（仏教の世界観における我々人間が住んでいる大陸）の大日本国左大臣正二位藤原朝臣道長

は、百日潔斎し、信心深い僧侶・俗人を幾人か引き連れ、寛弘四年秋八月、金峯山に登り、自分の手で謹んで書いた『妙法蓮華経』一部八巻、『無量義経』『観普賢経《かんふげん》』各一巻、『阿弥陀経《あみだ》』一巻、『弥勒上生経』『弥勒下生経《みろくげしょう》』『弥勒成仏経《みろくじょうぶつ》』各一巻、『般若心経《はんにゃしん》』一巻、合わせて十五巻を、銅の箱に収め、金峯に埋めました。その上には金銅の灯籠を立て、常灯を捧げます。今日この日から、龍華《りゅうげ》の晨《しん》を待ち望みます。……どうか慈尊《じそん》（弥勒）が成仏される時、極楽界から仏の所へと行き、法華会《ほっけえ》の聴衆となり、成仏の記をその庭で受け取り、ここに埋納した経巻が自然と湧き出てきて、集まった人々をともに喜ばせますように。

図2　金銅藤原道長経筒

銘文中の「龍華の晨」や「法華会」とは、未来に弥勒が兜率天《とそってん》からこの世に下生し、龍華樹の下で三度法会を行い（龍華三会などと呼ぶ）、衆生を救う時を指している。その時まで朽ちることなく保たれるように、という願いが彼の金字経には込められていた。これは明らかに慧思による不滅の意味づけを継承している。慧思から道長へは、中国天台宗と日本天台宗を介したかなり直線的な影響関係があった。慧思によって高らかに宣言された金字経の観念上の不滅性は、天台山から最澄によって京の都へと伝えられ、その後日本における末法思想の高まりの中で、道長の金峯山埋経という形に結実したのである。

十二世紀初頭、高野山奥の院の埋経

道長以降、日本では少なからざる金字経が経塚に埋納されたが、その中からもう一例、高野山のケースを挙げておこう。

道長の金峯山埋経から百年ほど後、永久二年（一一一四）のこと、尼僧である法薬《ほうやく》が高野山の奥の院において『妙法蓮華経』等の金字経を埋納した。その奥書《おくがき》にもやはり金字経の不滅と弥勒降臨を希求する思いが次のように述べられている。

　黄金で字を書いたのは、朽ちないと思ったからです。赤銅で器を作ったのは、壊れないと願ったからです。弥勒慈尊がこの世に現れる時を待ち望んで、特に弘法大師《こうぼうだいし》・空海《くうかい》が入定《にゅうじょう》した場所を選びました。

法薬の場合にもやはり道長と同じ願いがはっきりと示されている。道長や法薬の例から明らかなように、慧思の金字経の意味づけは一つの定型となり、日本平安期へと継承されたのであった。日本の埋経

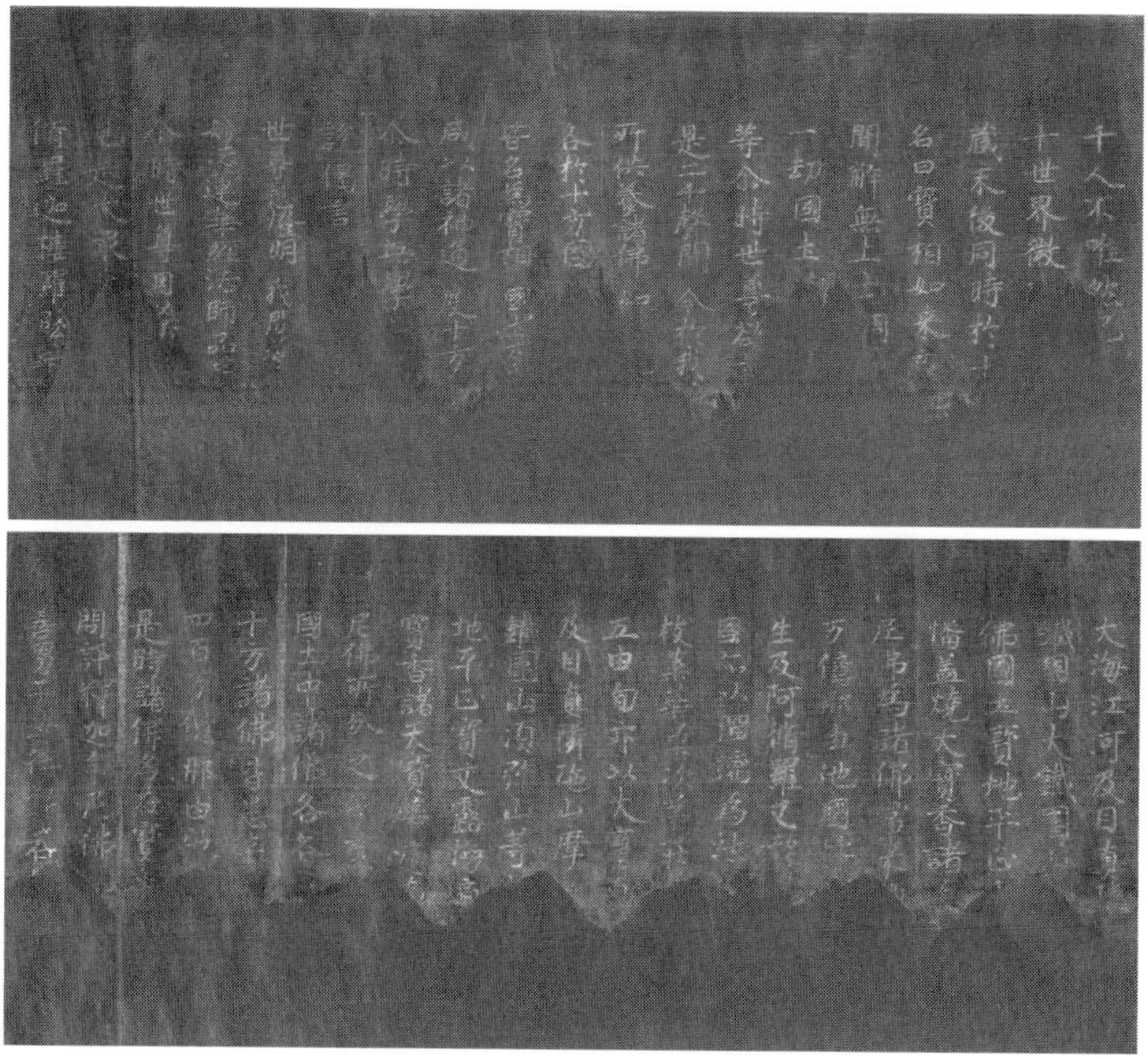

図3　紺紙金字法華経等残闕

にしてもやはり実際には不滅にはほど遠く、地中から発掘された経巻はその多くが朽ち果てていた。しかし観念の中での金字経は、中国と日本のいずれにおいても、飽くまで永遠に輝き続ける不滅の経巻だったのである。

　思い返せば、蕭衍による金字経講義は劇場型で、大勢の人とともに本生譚を再現し、追体験するものであった。その一方で道長に始まる金字経の埋経は、誰の目にも触れないよう山中に秘匿され、はるか未来を待ち望むタイムカプセルである。この鮮やかな対照を生み出した転機が慧思の金字経だった。そのまばゆい輝きで人々の目を惹きつける金字経は、北魏と梁で作られてから約五百年の時と海を越え、日本の地において地中にひっそりと姿を隠したのである。

おわりに

遥か昔の中国で、人々はどんな願いを筆先に込めて墨・血・金で写経を実践していたのか、釈迦の前世物語である本生譚はそこにどんな影響を与えていたのか、仏画に関連する本生譚は中国でどのように再現されたのか。これらの点について、本章では主に僧侶の伝記や霊験記、本生譚を日本語訳で読みながら解き明かしてきた。

日本には多くの古写経が保存されているし、敦煌で発見された仏典も世界各地に所蔵されている。展覧会で実物を見る機会は少なくないし、書籍やインターネット上で写真を見ることもできる。しかしながら、現代に伝わっている物自体だけをいくら見ていても、それは今現在の我々の目で見ているにすぎない。物自体を調べ考えることはもちろん重要であるが、経典の写本が作られた時代にその写本を取り巻いていた環境や文脈を知ることも必要であろう。物自体ではなくその物の見方という側面からアプローチして初めて理解できることもある。写経を実践した昔の人々の目にはどのように映っていたのかを知ること、当時の人々の願いを少しでもリアルに想像できるようになること、それが本章の目的であった。今後何らかの機会に読者諸氏が仏教経典の写本を目にした時、その写本に込められた情熱を感じとれるようであれば幸いである。

第二章　酒・芸能・遊びと仏教の関係

石井公成

はじめに

酒と仏教

仏教は、不飲酒戒《ふおんじゅかい》によって出家にも在家信者にも酒を禁じている。ただ、薬酒については釈尊の時代から認められていた。また、古代から飲酒を罪悪視する傾向が強かったインドでは、数は多くはなかったものの、酒を飲む僧尼や信者はやはりいつの時代も絶えなかった。さらに在家信者の役割が大きい大乗仏教が誕生すると、条件付きで飲酒を認める経典も登場した。

一方、酒造が盛んであって戒律もゆるかった西域では、穀物酒や果実酒が寺で大量に造られ、僧や信者によって消費されていた地域もあった。僧とその息子が酒を造ることのできる葡萄荘園を買った記録が残っているほどだ。中国でも、酒を飲む僧尼や在家信者はかなりおり、酒を造る寺院もあった。南北朝時代には飲酒の有益さを説く擬経《ぎきょう》（偽経）まで作成されている。韓国も酒を造る寺があったうえ、中国でも韓国でも、戒律に違反する僧が批判される一方で、酒を飲んで自由に振る舞い、ヒーロー扱いされる僧侶たちが存在していた。

神事には酒がつきものであり、神仏習合が基調となっていた日本では、僧侶の多くが法要などの後で酒を飲んでいた。そのため、芸能が披露される酒宴が盛んになっていったうえ、日頃から飲む僧も次第に増えていった。在家信者も、僧侶の飲酒を問題視せず、慰労する際などに僧侶に酒を勧める者が少なくなかったようだ。寺院での酒造りも盛んになった。中世には僧坊酒、すなわち寺院で作られた酒が銘酒の代表とされるに至っている。現在普及している清酒は、中世に奈良の寺院で生まれたものだ。

芸能と仏教

仏教では、出家には歌舞その他の芸能を見ることを禁じていた。在家信者も月のうちの六日に限っては、出家と同様に禁欲的な暮らしをすることが求められていた。しかし、語りものや歌舞などの芸能については、むしろ仏教がそれらを発展させたと言ってよい。インドでは、説法師が一般信者向けに興味深い話や滑稽な話を語っており、そうした説法は次第に芸能化していったようだ。釈尊の伝記や経典の有名場面の絵解きをする者を含め、芸達者な説法師たちが、各地を回って見事な弁舌で聴衆たちを笑わせたり泣かせたりしたのだ。

釈尊の誕生日などには、釈尊を供養するために音楽が演奏され、仏教関連の芝居も披露されて多くの人々を楽しませていた。仏像が作られるようになってからは、山車《だし》に仏像を乗せて街中を練り歩く行像《ぎょうぞう》もおこなわれるようになった。西域でも中国でも、大都市ではこうした行事はきわめて盛んであって、巨大な山車が楽隊や曲芸をする芸人たちを引き連れて街中を練り歩くパレードがおこなわれ、寺でも様々な芸が演じられた。韓国でも、早い時期から法会で歌舞がおこなわれている。

特に日本では仏教芸能は異様な発展を見せた。寺院では音楽と芸能が盛んに演じられ、民間でも僧形《そうぎょう》の芸人たちが各地を回り、仏教系の多様な芸を披露して人気を得ていた。日本では仏教信仰は芸能とまさに一体のものとして展開していったのだ。そうした仏教芸能の専門化が進んでいった結果、民間の

図1　西域の壁画に見える釈尊の伝記の絵解き

様々な芸能が生まれた。能、狂言、歌舞伎、文楽、落語、講談、浪曲その他、日本の古典芸能のほとんどは仏教由来のものだ。華道も茶道も仏教に基づいている。日本文化は、仏教無しには成り立たない。

遊びと仏教

仏教は言葉遊びの宝庫でもあった。後述するように、掛詞が好まれていたインドでは、仏教経典自体が言葉遊びをしている例が早くから見られる。中国でも、仏教にからめた言葉遊びが盛んにおこなわれた。特に日本では言葉遊びが好まれ、平安時代には法会の後の宴会において、仏教関連の語を読み込んだ和歌が詠まれるなどしている。たとえば、一〇〇六年頃に編纂された第三番目の勅撰和歌集である『拾遺和歌集《しゅういわかしゅう》』では、言葉遊びを得意とした藤原輔相《ふじわらのすけみ》（生没年未詳）の和歌を多く収録しており、その中には「四十九日」という題のとんでもない歌がある。

秋風の　四方《よも》の山より　おのがじし　吹くに散りぬる　紅葉悲しも　（四九六）

「おのがじし」とは「それぞれ」の意だ。この歌は「秋風が東西南北の山からそれぞれ吹いてきたので、その冷たい風に吹かれて散ってしまった紅葉が悲しいことだ」という意味になるが、ここには実は「ししふくにち（四十九日）」の語が読み込まれている。

こうした例は他にも多い。文学的な技法としての掛詞と言葉遊びの境目は、実ははっきりしないのだ。日本では、仏教のこうした場を通して洒落が発達していったように見える。

仏教を笑う

仏・菩薩・経典・僧尼などを題材として遊ぶことも、時代とともに盛んになっていった。インド仏教では、笑われる対象は外道と呼ばれる仏教以外の信者や愚かな僧などだ。中国・韓国・ベトナムでも、仏教に関する遊びが盛んだったが、これらの国では儒教が盛んになるにつれて、僧尼や仏をあざける笑話が増えていく。一方、日本では、仏・菩薩・経典・僧侶などにからめた遊びをする場合が多かったうえ、時代が下るにつれて不謹慎な悪ふざけに近い例も増えていくが、他国と違い、仏教を信仰しつつ楽しんでいた点が特徴だ。

むろん、欲深い僧尼などに対する批判や嘲笑はいつの時代もあったものの、国学者や儒学者などの例外を除けば、仏教は近代に至るまで尊重され続けていた。日本は海外の文化を仏教経由で取り入れ、あらゆるものが仏教の影響を受けていたため、人々はそうした仏教世界の中で暮らしており、仏教を信じつつ仏教を素材として遊んでいたのだ。

一　酒と仏教

インド仏教の不飲酒戒

仏教は僧尼が守るべき戒律や在家信者向けの五戒によって飲酒を厳禁していると思われがちだが、実際には状況は複雑だ。五戒のうち、不殺生《せっしょう》戒・不偸盗《ちゅうとう》戒・不邪婬《じゃいん》戒・不妄語《もうご》戒という前の四つの戒においては、殺生・盗み・邪婬・妄語という行為そのものが悪業とみなされているのに対し、最後に置かれる不飲酒戒では、飲酒そのものはひどい罪悪とは見られていない。酒を飲むと様々な悪行をしてしまいがちであることが警戒されているのであって、五戒のうちでこれだけが異なる性格を持っているのだ。また、酒を薬として飲んだり塗ったりすることについては、釈尊の在世中から認められていた。

この点は、飲酒禁止が定められた状況そのものとも関わっている。事情の詳細は、部派によって伝承が多少異なっているものの、大筋は共通しており、次のようになっている。神通力を持っていたサーガタという仏弟子が、雹を降らせたり干魃をおこしたりする悪龍を村人の依頼で調伏したところ、感謝した村人たちが酒好きなサーガタのために酒を供養した。すると、サーガタは大いに酔って吐き、寝入ってしまって釈尊の方向に足を向けるという不敬な行いをしたため、釈尊は「穀物酒・果実酒を飲めば波《は》逸提《いつだい》である」と制定された、というものだ。波逸提とは、一人以上の僧侶にその罪を告げて懺悔しなければならない罪をいう。

飲酒の罪は波逸提にとどまっており、僧団を追放される波羅夷罪《はらいざい》などとは、罪の重さがまったく異なる。それればかりか、条件付きでの飲酒許可も、このサーガタについて語られていることが注意されよう。『パーリ律』によれば、酒を禁じられたサーガタは気力が衰えて死にそうになったため、釈尊は飲酒を許し、徐々に量を減らしていって酒の香りをかぐだけで我慢できるようになった段階で完全に絶つよう命じたところ、サーガタはその通りにして回復したという。

酒の香りがする飲み物

義浄（六三五～七一三）訳『根本説一切有部尼陀那《こんぽんせついっさいうぶにだな》』では、サーガタではなく「酒になじんでいたある者」となっており、釈尊は禁酒して体が衰えたその僧に次のように指示したと記されている。

酒を造る材料は、根・茎・葉・花・果実などだ。これらを砕いて白い布で漉し、酔う力を無くしたうえで、淡い酒の中に漬けておく。器が一杯になるまで満たして蓋をしてはならない。後でそれを清水に入れ、かきまわして飲みなさい。あるいは、麹や樹皮や諸の香薬をつき砕いて粉末にしてふるいにかけ、それを布でくるんで棒にぶらさげ、熟したばかりの酒の瓮の中に入れるが、酒に漬けてはならない。ひと晩かふた晩たってからそれを水に入れてかきまわして飲む。こうした二種類についいては、午前中も午後も飲んで戒律違反にならない。このようにすれば、酒を飲みたいという気持をとめることができよう。（大正二四・四四一中。この表記は大正新脩大蔵経第二四巻・四四一頁中段を指す。以下同様）

このようにして薄い酒、さらにはかすかに酒の香りがするだけの飲み物に慣れさせ、最終的に酒をやめさせたとするのだ。これは、酒の香りがするだけの飲み物なら飲んでも戒律に違反したことにならないと考えた僧、あるいは、そうした飲みものを必死で工夫していた僧たちがいたことを示すものだ。

不飲酒戒の隙間

戒律では定義の厳密さが求められるため、何が酒であって何が酒でないかに関する定義が次第に詳細になっていき、許容範囲が広がっていったようだ。たとえば、大衆部《だいしゅぶ》の『摩訶僧祇律《まかそうぎりつ》』では、酒が変化した「醋《す》」を飲むことは禁止されているが、『根本説一切有部《こんぽんせついっさいうぶ》律』の注釈の概要を義浄が訳した『根本《こんぽん》薩婆多部律摂《さつばたぶりっしょう》』巻十三では、酒であっても煮沸していて（アルコール分が蒸発し）酔わない場合、また酒が変化してしまった場合は地に埋めて酢にして用いてよいと明言されている。このように規定が細かくなればなるほど、そうした規定の隙間をねらう僧尼が出てくるのは当然だろう。

インドで釈尊滅後に仏教教団の分裂騒ぎが起きた時、「十事」と呼ばれて争点となった十の事柄のうち、第八番目は、椰子の樹液から作られるジャローギという発酵が不充分な酒を飲んで良いかどうかという問題だった。実際、仏教批判の立場で書かれた後代の作品ではあるものの、九世紀頃のヒンドゥー教の詩人であったジャヤンタの戯曲、『アーガマ・ダンバラ（聖典騒動）』では、僧侶が豪壮な僧院で「パクヴァ・ラサ（熟した果実ジュース）」と称して美酒を飲んでいたという記述が見える。暑いインドでは、糖分の多い果汁などは放っておくと短時間で発酵して酒になってしまうことがあるため、どの程度を酒と認定するかは確かに難しいのだ。

なお、『パーリ律』では酒を穀物を発酵させたスラー酒と、花・果実・蜜などから抽出したメーヤラ酒に分けている。ただ、不思議なことに、『摩訶僧祇律』では、葡萄酒は飲んでも罪が軽いとされており、酒粕を食べる行為、酔わせる効果がある果実を食べたり人に食べさせたりする行為などと同様に越《おっ》毘尼罪《びにざい》とされている。つまり、心のうちで懺悔すれば許される程度の軽い罪とみなされているのだ。

大乗仏教における飲酒の許容

大乗仏教の場合は、状況が変わる。在家信者を対象とした『優婆塞戒経《うばそくかいきょう》』では、仏は、酒には過失が多いことを強調しておりながら、なぜ不飲酒戒を五戒の最初に置かなかったかについて説明したのち、不飲酒戒以外の四つを守ると誓うような受戒も認めると述べている。こうした限定的な受戒の仕方は、大乗以外の伝統派のいくつかの部派においても認められる。これは穏健な対応と言えよう。ただ、このような柔軟な姿勢が、口実をつけて酒を飲む信者、さらには僧侶を生み出したと言えないこともない。

また、初期大乗経典の一つである『郁伽長者所問経《いくがちょうじゃしょもんぎょう》』では、在家の菩薩は五戒を守らねばならないとし、自分自身は飲酒しないものの、比丘が飲み物を望む場合は酒を布施することが檀波羅蜜《だんはらみつ》（布施波羅蜜）だから与えよと明言されている。実際、早い時期から酒の布施を受ける僧侶たちがいたことは、『郁伽長者所問経』と近い時期に成立した大乗経典である『護国尊者所問大乗経《ごこくそんじゃしょもんだいじょうきょう》』からも知られる。

この経では、森林で修行する菩薩たちと対立する比丘たちについて、村の中やその近くの僧院に住んで僧院を我が物のように扱い、在家信者たちに奉仕し、「酒と高慢に酔いしれて、村の家々を訪ねて回る」と批判している。

大乗経典の酒許容

最初期の大乗経典の一つである『小品般若経《しょうぼんはんにゃきょう》』では、般若の教えを説く在家の説法者である「法師《ほうし》（ダルマ・バーナカ）」は、衆生に功徳を積ませるため、方便として五欲の供養を受けると明記されている。つまり、眼・耳・鼻・舌・身を喜ばせるような供養のものを受けるというのであって、出家修行者にはふさわしくないものも享受することを認めるのだ。おそらく、それらを享受はしても空の立場を体得しているため、執著することはないとするのだろう。これを酒にあてはめれば、飲んでも執著せず教化の手段とするなら良いことになる。

実際、初期大乗経典の代表の一つである『維摩《ゆいま》経』では、家族を持つ富裕な在家信者である維摩詰《ゆいまきつ》は、遊女屋や酒屋に出入りしていたと記されている。これについては教化のためと記されるのみで、遊女と交わったとか酒を飲んだとは明記されていない点で、実際に様々な供養を受けていたらしい『小品般若経』の法師とは異なる。しかし、大乗仏教の体現者とされる維摩詰が酒屋に出入りすることが認められている以上、とらわれを離れていれば飲酒も差し支えないとする僧侶や在家菩薩たちが存在し、そうした人々の主張を反映した経典が作成される可能性がある。実際、『瑜伽師地論《ゆがしじろん》』「菩薩地《ぼさつじ》」で説かれる菩薩戒では、踊りや歌や音楽や食べ物・飲み物・娼妓・下世話な話などにふける人々に対しては、菩薩はそれらで人々を喜ばせることによって正しい道に引き入れることを認めている。

飲酒擁護の経典

一方、戦乱などによるインド西北地方の危機的な状況を反映して生まれたとする説もある末法思想関連の経典には、単なる飲酒を擁護する記述も見られる。たとえば、末法時には破戒の僧でも価値があると述べる諸経典を訳出したことで知られる北斉の那連提耶舎《なれんだいやしゃ》が訳した『大悲経《だいひ》』がそうだ。その「礼拝品」では、世尊は、将来、仏法が滅尽する時期にあっては、比丘・比丘尼が自分の子の手を引いて出歩き、「酒家より酒家に至」るようであっても不浄の行ではないと述べ、そうした比丘・比丘尼は「酒の因縁」によって皆な涅槃を得ると断言している。末法にあっては僧尼の飲酒も認められるのだ。この前後の箇所は、後に日本天台宗の開祖である最澄に仮託された『末法灯明記《まっぽうとうみょうき》』でも引用され、末法期における破戒を擁護する主張の根拠とされた。

酒好きな西域僧侶たち

インド以外の地のうち、西域は葡萄酒その他の酒の産地であって、飲酒の風習の盛んな土地柄であった。酒の生産、貸し借り、飲酒に関する記録が大量に残されており、そうした記録には僧侶もしばしば登場する。たとえば、鄯善《ぜんぜん》（楼蘭《ろうらん》、クロライナ）から出土した文書のうち、西北インドから西域に広まったカロシュティー文字で書かれた写本には、僧侶のアナムダセーナがある人に「酒十五希」を借りたいと申し出たとか（Kh. 345号）、僧侶のブッダイラがその子と一緒に、酒を造ることのできる葡萄荘園を買う（Kh. 655号）といった記述が見える。こうした僧侶の飲酒の例は、周辺のトルファンやコータンの出土文書にも見られる。

西域への入口となる敦煌では、麦酒や粟酒が中心であって、僧尼の飲酒はきわめて盛んだったようだ。出土した唐代後期の諸文献によれば、僧正から下級に至る僧尼と有力信者が、政府の役人の接待、僧官の送迎や拝祭《はいさい》（供養行事）、ひと晩中、灯をともす燃灯《ねんとう》・賽神《さいしん》（お礼まいり）などの法会や節日の供養などに際して、大量に酒を飲んでいる。酒作り用の穀物を利息つきで貸し出していたばかりか、寺で酒を醸造し、経営する酒店で売ったりする場合もあり、僧侶が酒店に出かけて寺の払いで飲むこともよくあった。敦煌で発見された大量の文書のうちに、酒の弊害を強調する『大方広華厳十悪品経《だいほうこうけごんじゅうあくぼんぎょう》』のような中国成立の擬経が含まれているのは、酒を飲む僧侶や信者たちがいかに多かったかを示す証拠と言えよう。

こうした状況については、現在の中国の学界では、西域に接する敦煌という土地ならではの特殊な例とみなされ、吐蕃《とばん》（チベット）やソグド人の影響とされることが多いが、実際にはそうではないだろう。中国の中央でも、敦煌ほどではないにせよ、寺が酒と関わりを持っていたことは、後述するように疑いない。寺の詳細な生活を示す文献が残っていた敦煌、また古代以来の貴族や僧侶の日記類が大量に現存する日本と違い、中国中央や南北の地では戦乱などのため、そうした資料はきわめて僅かしか残っていないことを考慮すべきだ。

中国仏教と酒

酒を尊重する文化が育たず、今日でも公的なパーティでは酒は出ないのが通例であるインドと違い、中国では古代以来、様々な儀礼で酒が用いられていた。たとえば、『礼記《らいき》』月令《がつれい》の「孟冬之月《もうとうのつき》」条では、農事が終わった十月には、天子は来年の豊作を天に祈り、酒を捧げた後、群臣たちと大いに酒を飲むことになっている。このため、中国では早くから酒造りの技術が発展した。大酒飲みであって「酒徳頌《しゅとくしょう》」を著した晋の劉伶《りゅうれい》（二二一？～三〇〇？）を始めとする竹林の七賢が長く敬慕され、また八人の大酒飲みを酒仙とみなした杜甫（七一二～七七〇）の「飲中八仙歌」が愛唱されてきたことが示すように、酒を讃える文化も発展した。詩文書画に打ち込む文人たちには、酒の力を借りてより深みのある作品を作ろうとする者が多かったことが知られている。

そうした状況と関係するのか、中国で作成された『梵網経《ぼんもうきょう》』のような文献では、不飲酒戒は入っているものの、酒を販売する方が罪は重いとされており、これを不酤酒戒《ふこしゅかい》と称する。実際、酒を飲む僧や在俗信者はかなり存在したのであって、飲酒を擁護する擬経も作られた。

飲酒の弁護

鳩摩羅什《くまらじゅう》が説明を加えた部分も多い『大智度論《だいちどろん》』のうち、「戒相義」は酒について三十五の弊害を説いていることで名高い。ただ、その部分は「人は酒を飲んで酔うと」これこれしてしまうという表現で始まっている。しかも中国の場合、『論語』郷党篇では食事の決まりについて述べる際、「ただ酒に量無し。乱に及ばず」とあって、酒については超えてはならない定量は無く、酔って乱れないようにせよと説いていた。これが常識となっていたのだ。

また同じく羅什の訳であって南北朝期の仏教の学問の基礎となった『成実論《じょうじつろん》』のうち「五戒品」は、飲酒は罪の原因であり、もし人が酒を飲めば悪い行いをしがちだが、飲酒そのものは「実罪」ではないと明言している。こうした状況である以上、「酒を飲んでも酔わなければ良いのだ」、あるいは「酒を飲んで酔っても悪い行為をしなければ良いのだ」と主張する仏教徒たちが出てきて不思議はない。

実際、『魏書《ぎしょ》』「釈老志《しゃくろうし》」によれば、北魏《ほくぎ》の太武帝が北涼《ほくりょう》遠征のために長安に至ると、寺で僧侶たちが酒を飲んでいたという。仏教批判の立場で書かれた資料に基づいた記述ではあるが、当時の長安の大寺では、薬酒と称して酒を飲んだり、法会に訪れた貴顕の歓迎のために酒を提供して僧侶がともに飲んでいたりしていた可能性が高い。南朝でも、酒を飲む僧尼や在俗信者が多かったことは、天監十六年(五一七)以降に、僧侶と信者に酒肉を控えるよう命じた梁《りょう》の武帝《ぶてい》の「断酒肉文」からも知られる。

飲酒を推奨する擬経

一方、酒をやめられない僧や信者にとっては、飲酒を認めてくれる根拠が必要となる。その一例が、飲酒の益を認めている『未曾有因縁経《みぞういんねんきょう》』だ。ただ、この経と同様に南朝斉の曇景《どんけい》訳とされている『摩訶《まか》摩耶《まや》経』は、釈尊が亡き母である摩耶夫人の恩義に報いようとし、また天上にいる摩耶夫人も我が子釈尊が涅槃に入ることを悲しむなど、母子の情愛を強調した経典であるうえ、曇景の経歴はまったく不明であるため、『摩訶摩耶経』は現在では擬経と考えられている。『未曾有因縁経』にしても、釈尊が父と義母と叔父のご機嫌をうかがうために使者を派遣する場面で始まるなど、中国の習慣と思われる記述がしばしば見られるうえ、梵文の訳語としては不自然な表現が多いため、擬経の可能性が高い。擬経でない場合は、インドないし西域で成立した経典を、漢訳に際して大幅に中国風に潤色したものと考えるべきだろう。

その『未曾有因縁経』の下巻では、祇陀《ぎだ》太子が自分は酒をやめられないため、不飲酒戒を含まない善行を連ねた十善戒を守りたいと仏に告げている。そして、国内の豪族たちは時々酒食を持って集まって歓楽するが、酒戒を思って悪行はなさないと語ると、仏は、汝のようにすることができれば、「一生酒を飲み続けても、何の悪が有ろうか。……まさに福を生ずることだろう。罪が有ることはない」と保証している。

さらに、波斯匿王《はしのく》は、かつて自分が怒って料理人を殺すよう命じたところ、日ごろは五戒を守って酒を飲まない妃の末利夫人《まりぶにん》が、酒と肉を持って王のところにやって来てともに飲食して楽しみ、怒りを忘れさせたうえ、王の命令だと称して使いを派遣し料理人の命を救ったと述べ、末利夫人は飲酒と妄語の戒を破ったことになるのかと仏に尋ねると、仏は、夫人には功徳が有るのみで罪業は無いと断言している。これを受け、王は、酒に酔って楽しめば争いが無くなるのは「酒の功」だと述べている。そのうえ、仏は、酒肉・五辛を絶って梵天に仕える外道などに膨大な供養をしても地獄に落ちるばかりだとまで語っており、この経典の作者の立場が良く示されている。

なお、王は酒の功徳を賞賛する際、酒を飲めば猿でも立ち上がって舞うのであり、まして世人はなおさらだ、とやや唐突に語っている。ここでは、飲酒が認められているだけでなく、酔って舞うなどして楽しむことも当然のこととされているが、これは西域由来の猿まわしの芸が人気であって、宴席で酔いに乗じてそうした猿をまねた舞いなどを舞う風潮を考慮しての言であったろう。

この『未曾有因縁経』については、僧祐《そうゆう》（四四五～五一八）の『釈迦譜』に見えているうえ、天台大師の作と伝えられてきた『菩薩戒義疏《ぼさつかいぎしょ》』では経名をあげて末利夫人を特例としている。新羅や日本でも同様であり、東アジアでは酒を弁護する有名な材料となった。

隋唐の僧侶の飲酒

隋唐の頃には酒を飲む僧侶がかなりいたことは、唐代初期に編纂されたと思われる笑話集の『啓顔《けいがん》録《ろく》』からも知られる。たとえば、こんな話だ。

ある老僧は、仏堂で衆僧と共に読経しているとのどが乾いてしまうため、合い言葉として銅の鈴を「蕩朗鐺《たんらんたん》（ちんりんちゃん）」と鳴らしたら温めた酒を持って来るよう弟子に命じ、いつもそうさせていた。ところが、ある時、弟子は遊んでいて酒を温めることを忘れてしまった。その酒を飲んだ老僧が冷たいと文句を言うと、弟子は、今日は鈴の音がこれまでと違い、「但冷打《たんろんたー》、但冷打（冷やだけ飲む、冷やだけ飲む）」と聞こえましたので温めませんでした、と言った。老僧は笑ってしまい、これを許した。

ここでの「但」は「ただ」の意、「打」は「飲む・食べる」の意の俗語だ。この話は僧侶の飲酒をけしからぬことと見てからかうための笑話ではなく、言葉遊びの面白さ、弟子の頓知がテーマとなっており、酒を飲む僧がいることは当然のこととされている。なお、『啓顔録』は、冒頭部分に仏教関連の話が多いことから見て、説教僧などが書きためていたものが原型であった可能性が高い。

僧尼令の禁酒規定

奈良朝の『養老律令』中の「僧尼令《そうにりょう》」は、道教の道士・女冠（女性道士）と仏教の僧尼を規制するために貞観十年（六三六）に制定された唐の「道僧格《どうそうかく》」のうち、日本に存在していなかった道士・女冠に関する部分を削除し、僅かに訂正を加えて作られたものだ。この「僧尼令」は、「凡そ僧尼であって酒を飲み、肉を食べ、臭いのきつい野菜を食べた者は、三十日の間、つらい労働をさせる」と規定しているが、厳密には守られていなかったことが知られている。その「僧尼令」にしても、薬酒については認めていたうえ、「もし飲酒して酔って乱れ、人と殴り合った者は、それぞれ還俗させる」と記しているため、薬酒と称して酒を飲んでも、喧嘩するほど酔って乱れなければ厳しく罰せられることはなかったことがわかる。唐代には、税役を避けるために自宅を寺とした上層階級の者や、出家して寺院に入り込んで雑役に従事していた者などが非常に多かったことは有名だ。そうした者たちには酒を飲む僧や信者たちがかなりいたからこそ、「道僧格」のような規制がなされたのだ。

酒を好む仏

『未曾有因縁経』が論じているのは在家信者の飲酒だが、経名の「未曾有因縁」とは、右で述べたような道理を教えてくれる「明師」を指すと記されている以上、こうした主張が僧侶にまで適用されるようになっても不思議はない。そうなれば、教化のための方便という形をとるにせよ、酒を好む仏・菩薩がいるという主張も出てくるのは当然だろう。その点で注目されるのが、杜甫の「飲中八仙歌」が酒仙の一人である蘇晋《そしん》について、「蘇晋は長斎《ちょうさい》す、繍仏《しゅうぶつ》の前。酔中、往々逃禅を愛す」と述べていることだ。長斎とは、月のうち六日だけ僧侶に近い八項目の戒律を守る八関斎《はっかんさい》の日だけでなく、何日にもわたってその生活を続けることを指す。中国では、様々な時期・期間の長斎がおこなわれてきた。

つまり、「蘇晋は繍仏の前で長斎を行なっており、その期間は刺繍された仏の図を飾って酒肉を絶っているものの、その期間が終わると、酒をたっぷり飲み、酔うとしばしば世俗から逃れる禅にふける」といった意味だろう。ただ、右の両句は難解であって異説が多く、「愛逃禅」とは居眠りする様をユーモアをもって描いたとする解釈もある。いずれにしても、仏教信仰が篤いはずの蘇晋が酒を愛して酔っている様子を、杜甫が好意をもって描いていることは明らかだろう。からかい気味に記してはいるものの、飲酒を批判しようとはしていない。

なお、『分門集註杜工部詩』巻十は、この詩を解釈する際、「洙」という人物の注に続いて「師」という人物の注を引用しており、「師」は「繍仏」については酒を好んだ弥勒仏を刺繍した図と見て次のように説いている。

蘇晋は浮屠《ふと》の術（仏教）を学んでいた。かつて西域僧の慧澂《えちょう》の「繍弥勒仏図一本」を手に入れ、これを大事にしており、こう言ったことがある。「この仏は、米汁《こめじる》を飲むことを好んでおり、まさに私の性格と合致している。願わくは、この仏にお仕えしたいものだ。他の仏は愛せない」と。思うに、弥勒仏とは、現在世間で言う所の布袋《ほてい》和尚のことだろう。和尚は、常に市中で酒を飲み、豚肉を食べていた。当時の人には、この和尚の本来の姿（弥勒であること）を知るものは無かった。

すなわち、布袋和尚こそが蘇晋が尊崇していた弥勒仏だとするのだ。布袋を弥勒仏とするのは、後述するように後代の解釈にすぎない。ともかく、「師」の説によれば、蘇晋は酒好きである弥勒仏の図を尊重し、酒を飲んでいたことになる。ここで重要なのは、その図は、弥勒信仰が広まっていて各種の酒の醸造が盛んであった西域の僧侶が自ら刺繍したか所持していた弥勒の刺繍図であったことだ。この点から考えると、唐代の西域には、弥勒は酒を好むという伝承が既にあったことが推測される。

酒を題材とした俗文学

唐代では、他に敦煌から発見された王敷《おうふ》（生没年不明）の『茶酒論』が注目される。唐代の終わりか北宋の初め頃に書かれたこの作品は、茶と酒が己の優越を主張して議論する俗文学だ。絵解きによって大衆向けにわかりやすく経典を講釈した変文《へんぶん》とは性格がやや異なるが、仏教と関係深い点は同様であり、茶は自分は「弥勒に供養され、観音に奉じられ、永遠に諸仏を喜ばす」と誇っている。酒が百薬の長である自らの効能を言い立てて論争となると、水が仲裁に入り、茶も酒も水が根本であることをわきまえて融和すれば、「酒店は大もうけし、茶房も売れなくなることがなく、長く兄弟となるだろう」と勧告して終わっている。すなわち、仏教色の強い文献でありながら、酒は禁止されていないのだ。

この作品については、唐代に皇帝の前でおこなわれていた儒仏道の三教論義や、そうした論義の形式を利用した笑劇と関係があるものと推測されている。こうした争いの図式は、以後も好まれており、明代の馮夢竜《ひょうむりゅう》（一五七四〜一六四六）の編とされる笑話集『広笑府』巻八の「茶酒争奇」でも、茶と酒が争い、最後に水が出てきて、水がなければ始まらないと主張している。

そもそも、茶は坐禅する僧侶のための眠気覚まし、健康維持のための飲料として広まった面があり、仏教と関係が深い。また、宋の銭易《せんえき》の『南部新書』には、「長安の戯場（劇場）は多くは慈恩寺に集まっており、小さいものは青竜寺、その次は薦福寺・永寿寺にあり、尼の講義は尼寺である保唐寺で盛んであった」と述べている。ここでいう戯場とは、後世のような本格的な建物ではなく、寺の前の広場などに仮設されたものであった可能性もあるが、庶民は寺に参詣して祈願し、そして戯場に寄って仏教色の強い語り物や芝居などを楽しんで帰ったことだろう。そうした場で仏教関連の芸能が発達していったのであり、滑稽な芸能も発展していったのだ。

禅僧と酒

唐代仏教のうち、自由を尊んだ禅宗においては、敢えて具足戒を受けず、戒律については心で保つと称して現実面での束縛を嫌う僧たちがかなり存在した。また禅宗は逆説を好むため、戒律に違反する行為をわざと強調した偈や詩なども作られた。たとえば、傅大士《ふだいし》（四九七〜五六九）に仮託された唐代の禅宗風な表現が多い『善慧大士語録《ぜんねだいしごろく》』に見える「還源詩《げんげんし》十二章」の末尾の詩は、次のようになっている。

源に還り去らん
般若の酒、澄清たり
能《よ》く煩悩の病を治す
自ら飲み、衆生《しゅじょう》に勧む

すなわち、般若の酒は澄みわたっていて煩悩の病を癒やすと述べ、自分は自ら飲むだけでなく、他の人々にも飲むよう勧める、と詠うのだ。これは、酒を飲むことを禁止する戒律や、他人に飲ませたり、売ったりすることを禁ずる『梵網経』などの菩薩戒を真っ向から否定するものであり、自ら飲酒し、また酒を飲むよう人々に勧めることを自利利他の実践とみなすものだ。

仏教経典で酒を譬喩に用いる例としては、『入楞伽経《にゅうりょうがきょう》』が説く「三昧《さんまい》の酒」などがある。これは、小乗の修行者たちが禅定の楽しみにふけるばかりで利他の活動をしないことを「三昧の酒に酔う」と表現したものであり、中国の仏教文献ではしばしば用いられている。「般若の酒」という表現は、こうした言い回しを逆転して利用し、区別を超越した大乗の般若の智恵を薬酒にたとえたのだろうが、この詩を作った人物が本物の酒を飲まなかったとは考えにくい。

また、『寒山詩集』に付された「拾得詩《じっとく》」には、次の詩がある。

般若の酒、冷冷たり　　飲めば多く人醒め易し
余は住す、天台山　　凡愚はいずくんぞ形を見んや
常に深谷の洞に遊び　　終に時情を追わず
愁無く亦た慮《おもんぱか》り無く　　辱無くまた栄無し

脱俗的な寒山詩にならった類型的な作風だ。温めて飲んで酔っぱらう世間の酒と違い、般若の酒はひんやりとしており、飲めば世間の迷いから醒めやすいと説いている。そして、自分は天台山の奥に住んでいて、世間に迎合することがなく、愁いも心配も無く、栄辱から離れていることを強調している。般若の境地を酒に喩えていることの詩を書いた人物は、酒を忘憂の手段と見て愛飲していたと思われる。

布袋

唐末で酒を飲んだ有名な僧としては、布袋（?〜九一七）を忘れることはできない。大きな袋を持ち

歩き、もらったものは肉でも何でも食べて残りは袋に入れており、死後残された偈に「弥勒、真弥勒……時人、自ら識らず（弥勒よ、真の弥勒よ。……世間の人は、その真価を知らない）」とあったことから弥勒と同一視されるようになったのだ。実際の布袋は、古い記録では神秘的な僧とされているだけだが、次第に禅僧とされるようになっていった。これは、常識に縛られないことを標榜する禅宗が盛んになってくると、あれこれ理由をつけて酒を認めることが増えてきたことも一因となっていよう。

禅宗第二祖の慧可《えか》にしても、北宋の景徳元年（一〇〇四）成立の『景徳伝灯録《けいとくでんとうろく》』になると、達磨《だるま》から悟りを認められた後は、僧侶の姿を改め、「あるいは多くの酒屋に入り、あるいは肉屋に立ち寄り、あるいは街の噂話を慣れた調子で語り、或いは召使いの仕事をした」と記されている。むろん後代の伝説だが、中国の禅僧の元祖が維摩の中国版のような自由奔放な人物として描かれるようになったのだ。これを真似る禅僧はかなりいただろう。

実際、十一世紀に活躍した谷泉《こくせん》和尚は、『禅林僧宝伝』によれば、酒をいれる大きな瓢《ひさご》を背負って山中を往来し、世間の人に瓢の中のものは何かと尋ねられると、「大道漿《だいどうしょう》（偉大な真理の飲み物）」と答えたという。儒教が柱となっている中国では、礼を守る人物が尊重される一方で、古代から風狂の士が愛されており、規則に縛られずに行動する人物が好まれてきた。仏教の場合も、そうした禅僧が特別扱いされ、人気となったのだ。

般若湯

「散聖（常識外れの聖者）」や「瘋《ふう》僧（狂人僧）」などと称されるこうした風狂の僧だけでなく、北宋では一般に戒律を守る僧が減り、酒を飲む禅僧たちが多くなった。北宋の仁宗《じんそう》の時期（一〇二二〜一〇六三）に活動した竇苹《とうへい》（子野）の『酒譜』によれば、中国北地の禅僧は戒律に触れぬように酒を般若湯と呼んでいたという。般若湯の「湯」とは、煮出したスープの意であり、煎薬を意味する場合もある。般若湯の場合は、おそらく後者の意であって、般若を煮て作った薬酒、あるいは般若が得られる薬酒ということだろう。般若湯という言葉は、先に触れた般若酒などの表現をもとにして生まれたものと思われる。山岡俊昭が江戸時代の半ばすぎにまとめた『類聚名物考』によれば、「現在、京都の五山の寺、その他の派の禅寺、西の黄檗宗の僧は、酒のことを般若湯と呼び、盃の中に梅干を入れて客に勧める」という。このため、日本では般若湯という言葉は酒を意味する隠語として定着し、現在でも年配の人は誰でも知っているが、中国ではこの語は忘れられてしまった。

　宋代以後には酒を容認する傾向が強まったためか、禅宗文献では酒の語を大胆に用いた用例が増える。たとえば、『嘉泰普灯録《かしんふとうろく》』巻十六によれば、正堂明弁《せいどうめいべん》禅師（一〇八五〜一一五七）は、犬に仏性が有るか無いかに関する趙州従諗《じょうしゅうじゅうしん》（七七八〜八九七）の問答を取り上げ、次のような偈を示したという。

　狗子《くし》に仏性有らば　　毘盧《びる》は愛し飲む弥勒の酒
　狗子に仏性無くんば　　文殊は酔倒し普賢扶《たす》く

扶けて家中に至れば全く銘酊し　胡言漢語、妻孥《さいど》を罵る

犬に仏性が有るとなると、毘盧舎那如来は弥勒の酒を愛飲し、仏性が無いとすれば、文殊菩薩が酔い倒れてしまって普賢菩薩が扶助する。そして扶助して家まで至ると、文殊菩薩はまったく酔っぱらっており、インドの言葉や漢語でもって妻や子を罵る、という偈だ。つまり、犬にも仏性が有るという立場にこだわっても、無いという立場にこだわっても、めちゃめちゃな状態となって仏教の正しいあり方から外れることになるというのだ。ここでも弥勒と酒が結びつけられており、関係深いものとされている。

酒好き僧のヒーロー化

南宋期では、道済《どうさい》（?～一二〇九）が注目される。道済はだらしない格好をして酒や肉を食らい、大道で宙返りしたりすることを好んでいた。このため、「済公」と呼ばれて親しまれ、また頭がおかしな僧ということで「済顛《さいてん》」とも呼ばれた。道済は大変な人気となって数々の小説で取り上げられた。清代になってこれを戯曲仕立てにしたのが張大復の『酔菩提』であり、二十回の章回小説とした墨浪子『済《さい》顛《てん》大《だい》師《し》酔《すい》菩《ぼ》提《だい》全《ぜん》伝《でん》』やこれに良く似た天花蔵主人編次『済顛大師酔菩提全伝』なども刊行されて流行している。その結果、天台山はついには天台宗の聖地というだけでなく、済公ゆかりの聖地として民衆が参拝に訪れるようになった。他にも『嘉泰普灯録』巻二十四「応化聖賢《おうけしょうけん》（世に仮に現れた聖人たち）」の部に録された酒仙遇賢和尚、『神僧伝』巻九に見える顕化禅師など、酒好きで人気になった僧は多い。

また明代に成立した『水滸伝《すいこでん》』の数多い登場人物のうちでは、出家したものの泥酔して破門され、盗賊の一味となって活躍した魯智深《ろちしん》和尚も、庶民の間で人気が高い。儒教の礼が生活の柱となっている中国では、僧尼については戒律を厳守する生活が期待される一方で、風狂を好む伝統のため、規則に縛られず自在な生き方をする酒好きの僧が歓迎されたのだ。

禅僧の戒律軽視

密教と禅を学び、仏教界の動向に通じていた日本の無住《むじゅう》（一二二七〜一三一二）は、一三〇五年頃にまとめた『雑談集《ぞうだんしゅう》』の巻五「上人事」において、最近は日本に渡ってくる「唐僧（中国の禅僧）」が多く、「唐様《からよう》」が尊信されて流行しているが、そのどの部分が「戒律教門」に一致しているか違っているか分からない人がいるとして批判し、当時の中国の禅僧は肉食や五辛を避けないと述べている。そして、「無学長老」、すなわち日本に渡って禅宗を広めた無学祖元《むがくそげん》（一二二六〜一二八六）は、日本で鎌倉時代に再興した僧宗の僧たちの戒律厳守ぶりを尊び、釈尊在世の頃のようだと賞賛したと述べている。無学祖元以外でも、この当時に中国から日本に渡ってきた禅僧たちは、律僧を尊重して交流していたようだ。

無住は、宋朝では持戒の僧が少なくなり、人前でもはばからずに魚肉を食べるようになったと述べている。ただ、無住は、中国では戒律・真言の行儀はすたれており、その点では日本の方が勝っているが、維摩中国では「道心があって坐禅工夫の人が多い」と述べ、そうした人であれば戒律がおろそかでも、維摩のようなすぐれた人物だと述べて評価している。そして、それに対して日本では坐禅工夫の人は少ないと批判したうえで、中国も日本も一長一短があることをわきまえ、自分の信ずる系統以外の仏教をそしらずに修行に励むべきだと結論づけている。これは、当時の中国では、悟ったと称する禅僧たちが、戒律を守る者たちを嘲笑して自由にふるまっており、それを日本の一部の禅僧がまねていたことに対する批判だろう。ベトナムでも中国禅が広まった李朝では、僧の飲酒肉食が問題とされていた。

明代の状況については、二度にわたって明を訪れた日本の禅僧、策彦《さくげん》（一五〇一～一五七九）の記録『策彦入明記《にゅうみんき》』が参考になる。二度目に外交の正使として明に渡った際の記録うち、嘉靖二十八年（一五四九）七月に明の高官の先導で北京有数の大寺院である大隆福寺に入ったとする記事では、「この寺は禁酒なので酒が無い」と記されている。これは、他の多くの寺では、身分の高い客人などには酒が振る舞われ、酒宴において僧侶と客との漢詩の贈答などがなされたことを示している。実際、この時期の禅文献には、「詩酒」の語がしばしば見える。また酒は甘みを添える調味料として盛んに用いられるようになったことも無視できない。

韓国の仏教と酒

韓国の仏教については、古い資料が僅かしか残っていないため、酒に関する記述は少ない。ただ、古代韓国の寺院が中国と同様に酒と関わっていたことは、奈良の薬師寺の景戒《きょうかい》が九世紀初めに編集した日本の最古の仏教説話集、『日本霊異記《りょういき》』からも知られる。八世紀中頃の話である中巻第三十二の「寺の利息用の酒を貸り用いて返済せずに死に、牛となって使役されて弁償した由来話」によれば、紀州の薬王寺では「薬分」と称して酒を造る米を保有しており、それを貸し出して利息をとっていた。「薬分」とは、薬酒とするための米ということだろう。そもそも日本仏教は百済から伝えられ、百済・高句麗からの渡来僧や新羅も含めた韓国渡来系氏族が主導して盛んになったうえ、『霊異記』自体、早い時期の記述には百済や高句麗からの渡来僧やそれらの地におもむいた留学僧の話が多いことから見て、薬王寺の「薬分」の制度は、韓国仏教の影響と見て良い。

実際、高麗の文宗十年（一〇五六）に発せられた詔では、税役を避ける者が沙門となり、貨殖、耕畜、商業に従事し、「酔い楽しんで」寺を汚しているとして取り締まりを命じている。この当時の寺では、寺領でとれた穀物とそれから醸造した酒、茶、葱などを販売するばかりか、寺によっては製塩とその販売までしており、それらの収益を高利貸の資本として運用するようになっていたのだ。こうしたことが、李朝における仏教弾圧の一因となったのだろう。

新羅の状況

僧侶の飲酒に関しては、新羅の慧空《えくう》の例が見えるだけだ。高麗時代に編纂された仏教史である一然《いちねん》の『三国遺事《さんごくいじ》』によれば、神通力で知られた慧空は、小さな寺に住み、常に狂人のような振る舞いをし、酒を飲んで大いに酔い、簣《あじか》（もっこ）を背負って市街を回りながら歌い踊り、負簣《ふき》和尚と呼ばれたという。そして、新羅を代表する自由な学僧であった元暁《がんぎょう》（六一七〜六八六）が、経典の注釈を著すたびにこの恵空を訪ねて質問したとされており、この二人は谷川で魚や蛇などを採って食らい、岩に小便して互いにからかいあったとされている。こうした二人が好意的に描かれているのは、戒律に縛られない自由な僧、例外的な存在とみなされていたことを示すものだ。

ただ、他の僧侶や信者は酒を飲まなかったということにはならない。慧空は、おおっぴらに飲んで酔ってもかまわない聖のようにみなされていたということにすぎず、『梵網経』の代表的な注釈である太賢の『梵網経古迹記《こしゃくき》』では、次のように述べている。

『未曾有（因縁）経』は五戒を定め、もし酒を飲んでも喜んで心に善を生ずるならば、飲んでも戒を犯したことにならないと言っている。広くは、かの経が説いている通りだ。まして、菩薩戒であれば、（仏教修行のために）役立つことであれば違反にはならない。維摩があちこちの酒屋に入りながら、その志を守っていたようなものだ。（大正四〇・七〇九上〜中）

なお、『茶酒論』は韓国にももたらされたが、儒教全盛となった李朝最初期の笑話集である徐居正《じょきょせい》（一四二〇〜一四八八）編『東国滑稽伝』第五十四話「酒飯餅論」では、三人の儒者が酒・飯・餅の優劣を論じ、最後には三人とも酔ったという話となっており、仏教色は消えている。ベトナムでも、人気の高い筋立てである小僧が頓知で和尚をやりこめるタイプの笑話が、李朝になると、好色な和尚を嘲笑する艶笑話に変わっていく傾向が見られるという。

日本仏教と酒

日本仏教の手本である中国・韓国の寺で酒が造られていた以上、日本でも寺院が自ら酒を造り、僧侶が飲むようになるのは自然だろう。日本の寺が中国・韓国以上に酒と結びついた理由の一つは、日本では神を祭る儀礼には酒がつきものであり、豊作を祈る祭などでは新米で作られた酒を皆で回し飲みして、酔いつぶれることが次の年の豊作をもたらすと信じられていたためだろう。日本の寺院では「鎮守」として その土地主の神や仏教と関係深い外来の神を祀っていたため、そうした神に対する儀礼では酒が捧げられ、祀った者たちも後でそれを飲んだのだ。また、天にいる天照大神の末裔であって日本の神々の総元締めとされていた天皇が命じ、天皇の長寿や国家安泰のためにおこなわせる公的な仏教儀礼では、終了後に勅使から僧たちに慰労として酒が振る舞われることもあり、それを拒否することはできなかった。慰労の例は様々であり、七四九年に東大寺僧の平栄《ひょうえい》たちが越後の国に寺領の確保に赴いた際は、県令であった文人の大伴家持《おおとものやかもち》（七一八〜七八五）が、「僧に酒を送る歌一首」を作って酒とともに送っており、『万葉集』巻十八に収録されている。

仏教信者であった家持がこのように酒に寛大であったのは、父である大伴旅人《たびと》（六五三〜七三一）や叔母の坂上郎女《さかのうえのいらつめ》（生没年不明）などの影響もあるだろう。中国文学に通じていた旅人は、仏教の世界観を受け入れておりながら、敢えて不飲酒戒を無視し、酒の楽しさを述べた和歌を詠んでいる。家持が編集したと推測されている『万葉集』では、その旅人の次の二首のような讃酒歌が十三首並べられている。

今の世にし　楽しくあらば　来む世には　虫にも鳥にも　我はなりなむ
（この世さえ楽しくあれば、来世には虫にでも鳥にでも私はなろう）

生ける者　つひにも死ぬるものにあれば　今の世なる間は　楽しくをあらな
（生きる者は結局は死ぬものなのだから、今の世にいる間は楽しくありたいものだ）

また、旅人と同じ文学仲間の一員であった坂上郎女は、仏教を踏まえつつ、

かくしつつ　遊び飲みこそ　草木すら　春は生ひつつ　秋は散りゆく
（このように遊んで酒を飲んでください。草木でも、春には生い茂りながら秋にはもう散ってゆくのですから）

と詠っている。これは、無常を痛感しつつ酒を勧める歌であり、仏教信仰と酒が共存している。こうした態度が日本仏教の基調となっていったのだ。

奈良時代から平安時代にかけては、中央の官寺だけでなく地方の豪族の寺院でも、「酒舎」「酒殿」「酒屋《しゅおく》（酒作りの建物）」などと呼ばれる酒造りの建物を有していた寺がかなりあったようだ。原則は禁酒であるものの、貞観三年（八六一）三月十三日から三日間、魚・肉を禁じて東大寺大仏供養をおこなった際は、導師に対して「酒三升」、千僧に対して「酒二合」が給されている。

天台宗・真言宗と酒

天台宗の本山である比叡山では、常行三昧を修した後は、仏や神に捧げられたものが僧侶一同に配給されたため、神酒を飲み、宴会となるのが常であったという。天台宗開祖の最澄（七六六～八二二）が八〇一年に書いたと称する『末法灯明記』が偽作されたことも、酒の容認を進める一因となった。本書では、現在は末法の世であって戒そのものが存在しないため、ある人が「酒の因縁」によって仏弟子となり、妻を持ち子を携えて共に遊行し、酒家から酒家に至っても、仏弟子であるがゆえに「世の福田（功徳を生む存在）・世の真宝・世の尊師」として尊重されねばならない、と断言している。

天台宗と並ぶ平安時代の代表的宗派である真言宗でも、開祖の空海（七七四～八三五）に仮託された『御遺告《ごゆいごう》』では、酒の害を詳しく説く一方で、条件つきで酒を認めている。つまり、空海の唐での師である恵果《けいか》（七四六～八〇六）と、最澄が入唐して密教を習った順暁《じゅんぎょう》（生没年不明）との談話として、「特例を認める大乗の法に依って、治病の人には塩酒《えんしゅ》を許す」と述べているのだ。なお、恵果と順暁の談話というのは創作であって事実ではない。

酒と狂歌

鎌倉時代になると、寺での酒宴が増え、言葉遊びを含む様々な遊びや芸能が披露された。そうした状況を示す一例が、暁月房《ぎょうげつぼう》（一二六五～一三二八）の「狂歌酒百首」だ。和歌の家柄として知られる貴族の冷泉家に生まれて出家した暁月房は、言葉遊びを含む滑稽な和歌である狂歌の祖と言われている。そうした僧侶の代表作が、酒をテーマとし、古い和歌や中国の漢詩の故事を盛り込んだ百首の狂歌なのだから、酒がどれほど寺院で重視され、遊戯文学においていかに大きな役割を果たしていたか推測されよう。「狂歌酒百首」では、春と秋は十五首、夏と冬は十首、その他が五十首あり、春の二はこうだ。

いろ香をも　知る人かたき　むめ酒は　すきものならで　たれか飲むべき

他の酒と違い、梅酒については酒の色についても香についてもその素晴らしさを知る者がなかなかいない。本当の「すきもの」でなければ、誰が飲むだろうかという歌であって、「すきもの（好き者＝粋人）」に「酸きもの」を掛け、これだけ酸っぱい酒は、本当の酒の通でなければ飲む者はいないだろう、と述べて遊んでいる。冬の部には次の歌も見える。

寒き夜の　酒にゑひたる　道心は　わかしさましに　成りにけるかな
（寒い夜の酒に酔った道心は、湯冷ましのようになってしまったことだ）

これらの作品については、平安時代の日本で最も尊崇された詩人、白居易《はくきょい》（七七二〜八四六）の『香山寺白氏洛中集記』中の有名な句、「願わくは今生の世俗文字の業、狂言綺語《きょうげんきご》の過ちを以て、翻して将来世世の讃仏乗の因、転法輪の縁となさん」が関係している。この世での世俗の文章、大げさな表現などを転じ、将来何度生まれ代わっても仏を誉めたたえる文学の原因、仏の説法のきっかけとしたいと願うこの句が、平安時代には文学好きの貴族に愛唱され、和歌や漢詩や物語を作ることを正当化するために用いられたのだ。鎌倉時代になると、言葉遊びを含む様々な寺院の芸能の正当化に用いられるようになっている。寺院でおこなわれた様々な遊びや芸能をともなう酒宴については、神仏を楽しませるための「法楽《ほうらく》」であるとする考えも、こうした酒宴に拍車をかけた。

ほど良い飲酒と大酔

この時期では、先に触れた無住の『雑談集』の巻三「乗急戒緩事」の章が注目される。無住は、「律僧が全く飲まないのは炎旱《えんかん》（ひでり）のようであるのに対し、自分が飲むのはひでりにちょっと夕立が降る程度であって、しかも酔って狂したことはない」とユーモラスに述べている。そして、酒を擁護した故事や見聞を並べ、十三世紀後半の浄土宗の道観は酒を「大乗の茶」と呼んで飲んでおり、そんな自分も極楽に行けるはずだとしてそれを律僧に勧めた、と記している。そして、受けがたい人間の身に生まれた以上、健康に良い少しだけの酒を支えにして修行すれば、酒は「仏道の助縁」となるが、悪用して飲み過ぎてはいけないのであって、酒そのものに害があるはずがないと結論して終わっている。

宮廷でも僧侶が参加した酒宴がおこなわれた。後醍醐天皇（在位一三一八～一三三九）がしばしば催した宴会では、日頃の身分や決まりなどを無視したらんちき騒ぎとなり、貴族たちは「衣冠を着ず、ほとんど裸形」であって、法師は「衣を着ずして白衣」であったという。そうした姿で酒に酔って歌い踊ったのだ。こうした酒宴が「無礼講」ないし「破仏講」とも呼ばれたのは、儒教や仏教の約束事を忘れて楽しむ機会であるためだが、これはあくまでもそうした酒宴に限ってのことであり、儒教や仏教そのものを否定しようとする意図はなかったことに注意する必要がある。後醍醐天皇にしても、密教の熱心な信奉者であり、伝法を受けて自ら秘法を修していたことはよく知られている。

中世仏教と酒

中世になると、奈良や京都の大寺では、法会の後の酒宴がそれまで以上に盛んになった。延年《えんねん》と呼ばれる宴会後の僧侶の芸能大会では、様々な芸能が披露されており、興福寺のような大寺では音楽や舞をともなう大がかりなショーも行われた。「尋飲中八仙連事」や「尋壺公酒之事」のように、酒に関わる中国の故事が芝居にされ、僧侶によって演じられた。

僧侶の飲酒については、鎌倉幕府が追加法で「僧坊での酒宴ならびに魚鳥（の肉を食べる宴）会」を禁じていることが示すように、しばしば停止命令が出されているが、これはそれだけ日頃から酒宴が盛んであったこと、法会の後の節度をもった酒宴などは認められていたことを示す。説教の名手として知られた浄土宗西山派の安楽庵策伝《さくでん》（一五五四～一六四二）が編纂した笑話集、『醒酔笑《せいすいしょう》』のうち、巻八「秀句」では、ある盲人の僧が祥月命日の法事に来るのが遅れ、家を早くに出たのだが、酒もり談義に巻き込まれてしまい遅くなったと弁解したため、酒もり談義とは何なのかと問われ、こう答えたという。

もう立ち去ろうと準備したら、「このところで、法然の酌ということで一杯、あげよう」と言われました。（それを飲んで）また立とうとすると、「善導の酌ということで、もう一杯あげよう」と。

法然上人がお酌してくださると思って飲みなさいと言われれば、断ることはできず、さらに、その法然上人が尊崇していた唐の善導大師がお酌してくださるとなれば、まして断ることはできない。そのため遅くなってしまったという言い訳だ。

その法然は、自分自身は戒律を護り、念仏に励んでいたものの、『百四十五箇条問答』では、酒を飲むことは罪かと問われた際、「本当は飲むべきでありませんが、この世の習い（として致し方ないでしょう）」と答えている。また信者に対しては、家の中でできる範囲で念仏をするよう勧めており、酒を飲んで酔っていても念仏を唱えてよいと認めていた。

狂言に見える僧の飲酒

先に大伴家持の例を見たように、僧侶に酒を勧める在俗信者も多かった。たとえば、中世の滑稽な笑劇である狂言の「地蔵舞」では、宿の主人が地蔵という名の旅の僧に酒を勧めている。僧は断るものの、再三勧められると、「飲むことはできないが、吸ってみよう」と言って飲み始める。こうした便法があったのだ。しかも、酔った主人が僧に舞うよう勧めると、僧は「地蔵舞を見なさい、地蔵舞を見なさい」とはやしてもらいながら舞い始め、袖を顔にあて「六道の地蔵の酔い泣きした様子をご覧なさい」

と歌い舞って退場して行く。これは、阿弥陀仏の来迎を模した儀礼である「迎講」では、地蔵に扮した人が往生人のことを喜び、酔ったように踊って迎えていたことに基づくものと思われる。ここでは僧が酒を飲んで酔って舞うことはまったく問題とされておらず、むしろ楽しい芸とみなされていることが注意されよう。

狂言の「金津《かなつ》（地蔵）」でも、地蔵菩薩に化けた詐欺師の子供が古酒を飲みたいと要求すると、金津の地の信者たちは酒を供えており、子供が酔って居眠りすると「生き地蔵」だと喜び、ゆらゆらする姿が見たいだの、立って踊る姿が見たいだのと要求し、子供はそれに応えて踊るところで終わっている。こちらも、菩薩が酒を飲むことに関して違和感を覚えている様子はまったくない。

狂言の「酒の講式」は、教育のために子供を寺に預けた父親が、住職が大酒を飲んでその子どもを折檻すると聞き、酒を持って意見しにいくと、住職はその酒を飲んで酔ってしまい、酒の功徳を説く「講式」を有り難そうに語って聞かせるという話だ。講式とは、釈尊や聖徳太子などを讃える儀礼であって、美しい文章が読み上げられ、管弦をともなうことも多い。ここでは、何と酒の功徳を讃える講式なるものが披露されているのだ。当然ながら、父親は堪忍袋の緒を切らしてしまい、住職に殴りかかるという筋立てになっている。この他にも、仏教がらみで酒をとりあげた狂言は多い。

酒に関する論争の文芸

酒を讃えることは、僧侶を生み出す母体であった貴族たちの間でも盛んだった。それを示すのが、一

図２『酒飯論絵巻』の酒宴の図

五二〇年代の前半頃に作成されたと推定されている『酒飯論絵巻』だ。酒に関する三人の人物の議論を言葉と絵によって描いた作品であって、まず、造酒正《みきのかみ》糟屋朝臣《かすやのあそん》長持《ながもち》という名の大酒飲みの貴族が酒を賞賛し、阿弥陀仏は自分のようなものも捨てずに救ってくださるとして念仏宗への信仰を述べる。ついで、飯室《いいむろ》律師《りつし》好飯《こうはん》という米飯好きの僧が、酒の弊害を強調し、『法華経』信仰を勧める。最後に中《ちゅう》左衛門《ざえもん》大夫《たゆう》仲成《なかなり》という、いかにも中間的な名前の貴族が仲裁に入り、ほどほどに飲むのが最も良いと述べ、天台宗に基づいて中道の理を強調して終わっている。

つまり、宗派間の論争のパロディを盛り込んだユーモアに富んだ作品なのだ。登場人物のいかにもそれらしい名が示すように、言葉遊びも盛んに用いられており、「飯と思ふもくうなれば」とあって「喰う」と「空」を掛けるなど、知的な遊戯がなされている。彩色されたこの豪華な絵巻は、多くの模写本が作られており、上層階級における人気ぶりがうかがわれる。

なお、この当時、中国に渡った日本僧たちは、おおっぴらに飲み、様々な騒ぎを起こして顰蹙を買ったらしい。東福寺の了菴桂悟《りょうあんけいご》を正使とする使節が永正八年（一五一一）に寧波《にんぽー》に到着し、二年後に帰国する直前に、寧波の松斎という儒学者が、使節団の首座《しゅそ》をつとめていた広旭《こうぎょく》上人（養補）のために餞別として「勧世文酒茶四問」を贈っている。天龍寺妙智院に蔵されているこの小文では、擬人化された酒と茶と水が己の優越を自慢して論争となり、火が仲裁に入って大酒は控えるよう勧めた形となっている。それに続けて、新道教である全真教の第二祖、馬丹陽《ばたんよう》（一一二三～一一八二）に仮託されたと思われる詩一篇と無名氏による二篇の詩を付しており、いずれも自分を是として論争することを戒める詩だ。

王敷の『茶酒論』やこの「勧世文酒茶四問」の影響かどうかは明確でないが、天正四年（一五七六）には、臨済宗の主流である京都の妙心寺派の第五十三代となった蘭叔玄秀《らんしゅくげんしゅう》によって『酒茶論』が書かれている。これは、擬人化された植物や動物が争う争奇文学の伝統を承けたものであり、酒を擬人化した忘憂君と茶を擬人化した滌煩子《じょうはんし》という二人が、和漢の故事を博引旁証し、また掛詞などの言葉遊びを散りばめつつ、酒と茶の徳の優劣を議論する漢文体の作品だ。この『酒茶論』は酒に関する戯文でありながら、悟道の偈のように尊重されて弟子に伝えられていった。後には木版で刊行されるに至っている。

僧坊酒の時代

この時期は、寺院での酒造りが頂点に達しており、寺院で今日の清酒、つまり米も麹も精白したものを使った清酒が生まれた。室町時代の中期・後期に貴族・武士・僧侶などの上層階級の間で人気が高かった酒は、京の商店である柳酒屋の「柳酒」、梅酒屋の「梅酒」に加え、奈良・大阪・堺などの寺で作られる僧坊酒だった。河内天野の観心寺で作られた「天野酒」（観心寺酒）、大和の「山樽」、多武峯寺《とおのみねでら》の多武峯酒、近江の百済寺の百済寺酒などが有名であり、将軍などにも献上された。

中でも、奈良の興福寺の塔頭の一つである菩提山正暦寺《ぼだいさんしょうりゃくじ》で菩提酛《ぼだいもと》という酒母を用いて作られた「菩提泉」については、現存文献に限って言えば、世界最古の低温殺菌法がおこなわれていた。こうした低温殺菌の技術は元々は中国にあったと思われるが、中国では寺院の日常生活に関する古代・中世の記録は、敦煌文献を除いてはほとんど残っていない。一方、日本では古代から貴族や僧侶が日記を書き残す習慣があり、酒についても、興福寺の塔頭の多聞院《たもんいん》で英俊その他によって百四十年にわたって書き続けられた『多聞院日記』に記録が多数残っている。

『酒茶論』の系譜

さて、茶と酒の争いについては、その形式を受け継ぐ作品が多く作られた。その一つは、安楽庵策伝の『醒酔笑』巻五の「上戸《じょうこ》（酒飲み）」と題した章だ。冒頭は『茶酒論』をもじり、酒好きの在家と餅好きの僧の論議となっており、以下、酒に関する笑話が並べられていて僧侶も多く登場する。

また幕末にそれほど近づかない近世後期の作と推定されている『酒餅伊呂波論義《さけもちいろはろんぎ》』も、『酒茶論』の系譜に属する。本作は、酒好きの上戸と餅好きの下戸《げこ》の争論というお馴染みの図式となっており、下戸が釈尊在世時の禁酒の因縁を説き、上戸が反論して酒の功徳を説くと、樹の陰から声がする。「釈尊は、酒は甘露の良薬ともおおせられた。だから、(酒を禁じられたのは)用い方の悪さを戒められただけであって、酒を罪したのではない。……乱に及ばないことが肝要だ」と。ここでまた上戸・下戸の争いとなるが、木陰から現われた閑人が中庸の大事さを説き、餅と酒とは「その源は同じ米なり」と諭すと、二人とも納得し、三人一同に手を拍って笑ったのであって、これを「酒餅《しゅへい》三笑」と称すると述べて終わっている。むろん、「虎渓三笑《こけいさんしょう》」のもじりだ。廬山《ろざん》の慧遠《えおん》が陶淵明《とうえんめい》・陸修静《りくしゅうせい》との風雅な話に夢中になって寺の境界を越えてしまい、虎渓で三人が笑ったとする佳話であったものが、中国では次第に陶淵明は酒を飲んでいたことになり、日本では三人が酒を飲んでいたことになっていったのだ。

酒の仏の登場

このような状況である以上、酒の仏が登場するに至ったのは当然だろう。善光寺などの秘宝開帳のパロディとして安永六年（一七七七）六月に江戸の両国広小路でおこなわれて評判となった見世物では、海産物で作られた珍妙な仏像などが並べられ、『三ケ津伝来　開帳冨田霊宝略縁起』と題するもっともらしい戯文の縁起（由来話）も刊行され、「酒宴世尊」が「南無阿弥豆腐のおでんを説」いたと記された。その縁起によれば、釈尊ならぬ「食尊」が、五百の阿羅漢たちに対し、汝らは「しょうじん（生身＝精進）の如来」を拝するのは難しかろうから、「なまぐさ如来」を拝せよと命じると、塩漬けの食品で出来た不動や三尊仏たちが現れたと説いている。

こうした風潮の中で生まれたのが、亀田鵬斎《かめだほうさい》（一七五二～一八二六）が『般若心経』のパロディとして書いた『仏説摩訶酒仏妙楽経《ぶっせつまかしゅぶつみょうらくきょう》』だ。この経では、釈尊が摩訶酒仏の素晴らしさを説くと、その酒仏が酒の盃と酒の肴である蟹のはさみを手にして大地から涌出し、飲めば「心無罣礙《しんむけいげ》（心にわだかまりがな

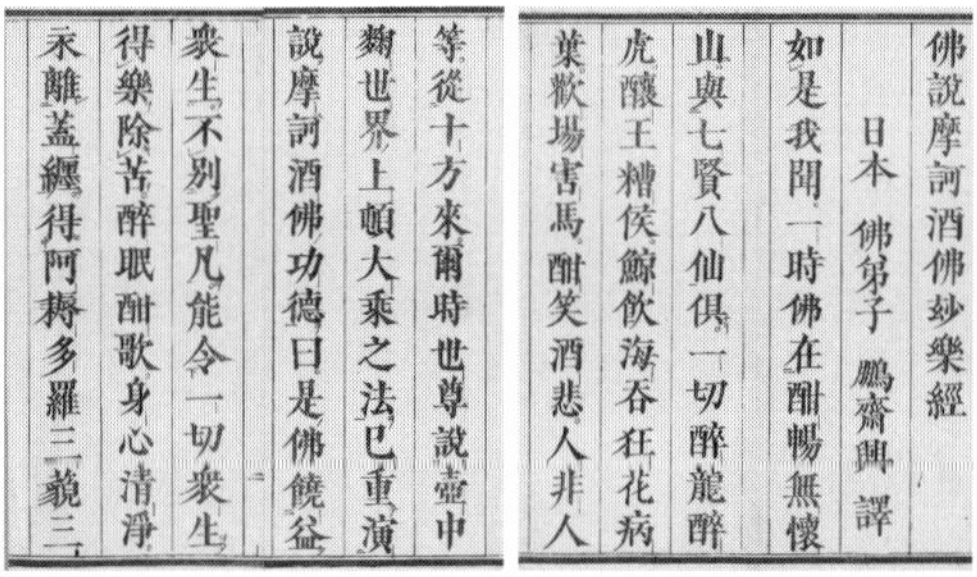
佛說摩訶酒佛妙樂經
日本　佛弟子　鵬齋興　譯
如是我聞一時佛在酣暢無懐
山與七賢八仙俱一切醉龍醉
虎釀王糟侯鯨飲海呑狂花病
葉歡場害馬酣笑酒悲人非人
等從十方來爾時世尊說壺中
麴世界上頓大乘之法已重演
說摩訶酒佛功德曰是佛饒益
衆生不別聖凡能令一切衆生
得樂除苦醉眠酣歌身心清淨
永離蓋纏得阿耨多羅三藐三

図3『伝説摩訶酒仏妙楽経』

い)」となるなど、『般若心経』の文句を利用して酒の功徳を演説した後、「一切苦を除く」無上の呪として、お馴染みの「掲諦《ぎゃてい》掲諦《ぎゃてい》〜」の呪の代わりに「酔《よい》酔《よい》酔《よい》酔《よい》酔《よい》也《や》娜《な》」という呪を説いている。これは、当時の遊郭で流行していた俗曲、「よいやな節」をひねったものだろう。

この擬経を書いた酒好きの粋人学者で書家としても知られていた鵬斎は、越後に旅した際、書や詩歌で有名であった曹洞宗の禅僧、良《りょう》寛《かん》（一七五八〜一八三一）と親しくなり、冗談を言い合ったり、酒を酌み交わしたりしている。寺を持たない風狂僧であって酒を好んだ良寛には、酒に関する和歌・長歌や逸話が多く、特に定珍《じょうちん》との唱和が目立つ。定珍は、渡部村の庄屋であって代々酒造業を営んでいた阿部造酒右衛門の号であり、若い時に江戸に遊学して歌学その他を学んでいたため、良寛の若き友人であったうえ、経済面での保護者でもあった。その定珍が、

限りなく　すゝむる春の杯は　ちとせを延べる　薬とぞ聞く
（何度も何度も私がお勧めする春の酒の杯は、寿命を千年も延ばす薬であると聞いております）

という歌を詠んで勧めると、良寛はたっぷり飲んだ後、次の返歌を詠んでいる。

さすたけの　君がすゝむる　うま酒に　われ酔ひにけり　そのうま酒に
（君子であるあなたが勧めてくれる美酒に私は酔ってしまった、その美酒に）

これは薬酒という名目でのことだが、良寛の次の歌は仏教によって理屈づけられないものだ。

あすよりの　後のよすがは　いざ知らず　けふの一日は　酔ひにけらしも
（明日以後の生きてゆく手立てはわからない。ともかく今日の一日は酔ってしまったことだ）

これもおそらく定珍と飲んだ時の歌と思われる。良寛は江戸末期に『万葉集』を重視し、万葉風な歌を詠んだ数少ない歌人の一人であることを考えると、酒を好んだ陶淵明の漢詩などのほかに、『万葉集』に収録された大伴旅人の讃酒歌の影響なども受けていただろう。

良寛は、定珍以外では、木こりや農民などと銭を出し合って飲むことが好きであったようだ。『良寛禅師奇話』は、「師、常に酒を好む。然りと雖も、量を超えて酔狂に至るを見ず」と記している。興味深いのは、こうした良寛については、近代では批判はほとんどないどころか人気がきわめて高く、良寛という名が題名に見える本は千冊あまりにもなることだ。一宗の開祖でない僧、しかも酒を好んだ僧でありながら、これほど愛されている僧は稀ではなかろうか。

これに対して、西本願寺系の普通教校の学生有志が仏教徒の禁酒と信仰改革を目的として明治十九年（一八八六）に組織した「反省会」の機関誌、『反省会雑誌』は、全国誌へと展開し、日本を代表する月刊誌である『中央公論』となるに至ったものの、禁酒の主張は消え去った。日本では戒律を守って酒を絶っている僧尼は尊重されたが、僧尼も信者も不飲酒戒を厳守する者は稀であり、酒と仏教をからめた芸能や遊戯文学が発達していったのだ。

二　芸能と仏教

インド仏教の芸能

隋の闍那崛多《じゃなくった》が訳した仏伝経典の『仏本行集経《ぶっほんぎょうじっきょう》』では、釈尊が浄飯王《じょうぼんのう》の王子として生まれた際、芸人たちが祝いに集まってきたとして、次のように述べている。

見事に歌い舞うことのできる者、幻術が巧みな者、ジャグリングが達者な者、身から水を出せる者、衣装によって女性に扮する者、こうした様々な芸や術ができる楽人たちがことごとく雲集した。その時、こうした多くの者たちは、飛び上がって空中に身を浮かばせ、鈴を鳴らし、鼓を打ち、（竹馬のような）高い靴を履き、竿の先に昇り、逆立ちして歩き、股の間に上半身をねじ込み、輪のように身を丸くそりかえらせ、高い縄の上を走り、戟《ほこ》を自在に操り、刀の上で跳ねるなど、次から次へと演じ、様々に面白いことをやり、いろいろな様子をやってみせ、高い声を出したり、大声で叫んだり、指笛を吹いたり、衣を揺り動かしてみせたりした。（大正三・六九一上）

『仏本行集経』は、釈尊の神話化が進んだ時期になってまとめられた仏伝であり、右の記述は史実ではない。ただ、釈尊の誕生を祝う祭などは次第に盛んになっていったようであるため、この経が成立した時期、つまり釈尊の没後数百年頃には、このような多彩な音楽・芸能がおこなわれており、釈尊の生誕を祝う祭礼の日などに演じられていたと考えて良いだろう。初期の仏典によれば、ガンジス河中流域の都市にはきわめて多様な芸人たちがいたようであり、巻き貝吹きを含むいろいろな楽器の奏者、歌手、役者、喜劇役者、曲芸師、手品師、幻術師、蛇使い、講釈師、吟遊詩人、拳闘士、相撲や力技をする力士その他がいたようだ。

釈尊や弟子たちを扱った芝居

譬喩経典を集成した『アヴァダーナ・シャタカ』によれば、地方から来た役者たちが、ショーバヴァティー王妃の前でブッダの劇を演じた際は、座長が釈尊の姿で登場し、他の役者たちは出家修行者の姿で登場したという。芸人たちが釈尊やその弟子の生涯などを楽器の演奏付きで演じることがあったのだ。東晋の僧である法顕《ほっけん》が隆安三年（三九九）から義熙九年（四一三）までインドを旅し、各地の様子を記した『法顕伝』では、中インドのマトゥラー国の僧侶たちは、雨期の間、乞食しながら旅することをやめて一定の場所に留まり、修学・修行・懺悔に努める夏安居《げあんご》の後、在家信者からたくさんの食事の供養を受け、僧侶たちが説法し、舎利弗《しゃりほつ》や目蓮や阿難などの仏弟子の塔を種々の華や香で供養し、燃灯を行い、伎楽人たちに舎利弗や目連や阿難が出家した時の状況を芝居として演じさせたという。

僧侶の観劇

戒律では僧侶は歌舞・芝居を見ることは禁じられているが、こうした伎楽が盛んになったためか、律には釈尊供養のための劇などなら伎楽鑑賞も許されるという特例が付加されるようになっていった。興味深いのは、釈尊や仏弟子を扱った芝居の中には、色っぽい場面が登場するものもあったらしいことだ。『摩訶僧祇律』巻三十三では、仏の誕生日などの大法会の時に、在家信者が伎楽を「一緒に見ましょう」と言ったら、そうしてもよいが、「染著《ぜんじゃく》（愛欲関連の執著）」の心を起こすような伎楽が有ったら、すぐにその場から立ち去らねばならないと説いている。

考えられるそうした例は、出家を願う太子のシッダールタ（後の釈尊）を引き留めるため、父の浄飯王が美女たちをあてがって太子をこの世の快楽にふけらそうとした場面、菩提樹の下で瞑想していたシッダールタが悟るのを妨げようとして、魔王が美しい娘たちを派遣して誘惑させた場面などだろう。実際、インド全土で愛唱されたと伝えられるアシュヴァゴーシャ（馬鳴《めみょう》）の美文詩による仏伝、『ブッダチャリタ（仏所行讃）』や、釈尊の異母弟であって弟子となった美男のナンダとその美しい妻、スンダリーを扱った『サウンダラナンダ（端正な難陀《なんだ》）』には、そのような色っぽい記述がしばしば見えている。

アシュヴァゴーシャは、仏弟子のシャーリプトラ（舎利弗《しゃりほつ》）を主人公とした戯曲、『シャーリプトラ・プラカラナ』も書いており、発見された断片では、道化役がバラモンであるご主人のシャーリプトラが仏教に帰依することに反対している。道化は遊郭や遊女に言及しているため、この劇にはそうした場面もあったことが知られる。アシュヴァゴーシャは、『サウンダラナンダ』の後書きでは、自分は欲望にまみれている人々を仏教に導きいれるため、苦い薬を蜜でまぶして飲みやすくするように、作品の中に娯楽的な要素をまぜたと自ら記している。アシュヴァゴーシャのような仏教詩人ですらそうである以上、大衆受けを狙う芸人たちが、滑稽な場面や色っぽい場面をたくさん盛り込んだ仏教関連の芝居を演じたであろうことは疑いない。

これらのアシュヴァゴーシャ作品に似た点がある二世紀後半頃のブッダ劇の断片が西域のクチャ西方の石窟から発見されている。これは、キールティ（名声）、ドゥルティ（堅持）、ブッディ（知恵）という名の三人が、ブッダを讃える戯曲だ。ブッダ自身も登場しており、アシュヴァゴーシャの作か、その影響を受けた作と考えられている。

七世紀前半に北インドを統一し、文芸を好んだ戒日王（ハルシャヴァルダナ）は、釈尊の前世譚を集成したジャータカのうち、菩薩が龍の身代わりになったとする話を『ナーガーナンダ（龍王の喜び）』というサンスクリット語の戯曲に仕立て、音楽を付け、歌舞の振り付けをして大いに流行させたほか、「八大霊塔梵讃」「晨朝讃」という仏教賛歎詩を作っている。

　また、東インドのチャンドラゴーミンは、釈尊が前世でヴィシュヴァンタラ太子であった際、ひたすら布施に努めた結果、愛する妻と離ればなれになったものの、苦難の後に再会するというジャータカに基づく戯曲を作り、その歌舞はインド全域に広まったという。これはパーリ仏教圏ではヴェッサンタラ・ジャータカ、西域から漢字仏教圏ではスダーナ（須大拏）のジャータカとして知られる話だ。この話は様々な版がアジア全域に広まっており、物語、彫刻、絵画、芝居などにされて人気となっている。

僧侶による芝居

　さらに注目されるのは、僧侶自身がそうした芝居を演じるようになっていったことだ。証聖元年（六九五）にインド諸国から唐に戻った義浄が訳した『根本有部律毘奈耶《うぶりつびなや》』巻三十九の衣に関する条項によれば、雨を祈る龍王の祭りにやって来た女の楽人たちは、釈尊の伝記ばかりでなく、僧侶を笑いものにする芝居を演じたという。彼らは人気を集めて稼ぐために、ある尼に餅を布施して誕生から悟りに至るまでの釈尊の伝記を教えてもらい、それを伎楽に仕立てるとともに、仏教信者でない聴衆も喜ばせるため、たまたま見かけた僧侶の感心できない振る舞いを誇張して演じてみせたところ、聴衆たちは大笑いし、楽人たちは多くの財貨を得た。

　すると、笑いの材料にされた僧侶たちは、「無知な俳優どもが我々の様子をものまねし、芝居場では人々がそれを珍しくて面白いと言っている。我々も、釈尊が菩薩として修行していた頃のことを珍しくて面白い伎楽にしよう」と話し合い、達者に楽器を演奏しつつ滑稽な芝居を演じて楽人たちの客をすっかり奪ってしまい、釈尊に叱責されたという。

むろん、かなり後代になってからの伝説だが、「釈尊がまだ菩薩であった時のこと」を芝居にするというのは、釈尊が悟る前の太子時代の事柄や、前世譚であるジャータカのうち、有名なものを題材にすることであって、これなら不敬をあまり気にせずに滑稽な逸話を盛り込むことができたに違いない。おそらく、釈尊自身ではなく、その周辺の人物が滑稽な言動をするところを大げさに演じてみせたのだろう。ジャータカでは、菩薩は人間である場合だけでなく、動物や鳥や神などである場合が多い。

また、釈尊や仏弟子たちや様々な人の前世譚を中心にして興味深い教訓話を展開し、譬喩因縁譚などと訳されているアヴァダーナにも、動物たちがたくさん登場する。インドの民間説話やお伽話などから摂取されてジャータカやアヴァダーナに仕立てられたそうした面白い動物の話を語る際は、達者な説法師はインドで伝統的に好まれている動物の声のものまねを用いることもあったようだ。実際、南朝斉の求那毘地《ぐなびち》訳とされる『百喩経《ひゃくゆきょう》』には、鳥の声のものまねがうまい男がやるべき時を間違えてものまねし、失敗する滑稽な話が見えている。これなどは説法師がものまねを交えて演じると大喝采される話だ。

仏教関連の祭りなど以外の時でも、芸能をやる僧侶たちがいたらしい。五世紀初めに漢訳された『四《し》分律《ぶんりつ》』巻二十三では、修行者がやってはならない「悪行」について説明する際、ふざけたことを行って笑ったり、自ら歌舞したり、他人に唱和させたり、滑稽な話をしたり、鼓などを打ち貝を吹きならしたり、孔雀の鳴きまねや様々な鳥の鳴きまねをしたり、走ったり、いつわって足をひきずったり、口笛を吹いたり、身体をいじったりすることなどがあげられている。これによって、当時はそうしたことをやる芸人たちがおり、それを愛好し、まねて楽しむ僧侶たちがいたことが知られる。

説法の芸能化

しかも、自分の楽しみのためばかりでなく、説法でこうしたことをする僧たちもいたことが『四分律』巻十二に見えている。それによれば、六群比丘《ろくぐんびく》たちは六群比丘尼《びくに》たちに説法する際、戒律・禅定・智恵、少欲知足、十二因縁などを説かず、政治や争いの話、女性の話や花飾りの話、酒宴や婬女の話、衣服や素晴らしい飲食の話その他の俗事ばかり語り、さらに説法に当たって、笑ったり舞ったり、脣を叩いて鼓の音を出したり、口笛を吹いたり、口でほら貝の音を出したり、孔雀の鳴きまねや鶴の鳴きまねをしたり、並んで走ったり、足をひきずって歩いたり、震えたりしたため、六群比丘尼たちはこれを見て素晴らしい説法の仕方だとほめそやした。

このため、彼らは釈尊が派遣した僧によってたしなめられたと記されている。「六群」というのは、六人の悪い者たちのことだ。戒律では、それぞれの条項が定められた由来について語る際は、六群比丘や六群比丘尼がこれこれしたため釈尊がそれを禁止したという形になっていることが多い。こうした禁止条項が増えていることは、説法の際に卑俗な話を交えたり、ものまねその他の様々な芸をやるなどして聴衆を楽しませる者が増えていったことを示している。釈尊の前世譚や譬喩を交えた教訓話では、しばしば鳥や動物が登場するため、それらの鳴きまねを巧みにやれば、聴衆は喜んだことだろう。

節をつけての経典朗唱

インドでは、聖典である『ヴェーダ』は決まった節をつけて朗唱する。釈尊以来、経典では説法が一段落したところで、それまでの内容を記憶しやすい韻文の偈の形でまとめるのが通例だったうえ、バラモン出身の修行者が多かったためか、そうした偈の部分、さらには経典全体を節をつけて朗唱することが多くなっていった。

『法顕伝』によれば、スリランカでは大通りの四つ辻に説法堂が作られ、半月のうち八日、十四日、十五日はその堂に高座が設けられ、学僧が説法をしたという。また、義浄『南海寄帰内法伝』巻四「三十二讃詠之礼」によれば、インドでは夕方に寺の僧たちが僧坊を出て仏塔の回りを三周し、香や花を供え、朗詠の上手な僧に釈尊を讃える詩偈を朗唱させ、ついで寺の中に戻り、経師に短い経典を読誦させていた。また、巨大なナーランダー寺では、朗唱の得意な僧が寺の中を巡行して声高に短い釈尊賛歎の頌を朗唱し、特別な供養を受けたという。

当然ながら、声が良くて節をつけての読誦が巧みなことで有名な僧も出現した。このため、経典読誦の功徳を強調する部派もある一方で、節をつけての経典読誦を禁じる部派もあった。これは逆に言えば、大げさな節を付けて読経し、人々を感動させる僧が増え、読経が芸能化していったことを示している。

浴仏と行像

紀元一世紀頃あたりから仏像が作られるようになると、釈尊の誕生日に釈尊の像を沐浴させる儀礼がおこなわれるようになった。時代が下るが唐の義浄の『南海寄帰内法伝』巻四によれば、その際は、寺で鳴らしものを鳴らし、妓女たちによって音楽が演奏される中、人々は功徳を願って像に香水をそそぎ、白い布でぬぐい、花飾りをかけたという。また、街中で人々が自宅の仏像を外の道端に持ち出し、香水をかけたという。

釈尊の誕生日には、仏像を山車に乗せて街を練り歩く行像もおこなわれた。法顕は、中インドのマガダ国の首都であるパータリプトラの行像について報告している。それによれば、四輪の車を作り、竹を縛って二丈（六メートル）ほどの塔のようにし、白くて目の細かい木綿の布で覆い、天人たちの姿を描き、金銀宝石で飾り、色とりどりの旛蓋《ばんがい》をかけて四隅に龕《がん》を作り、それぞれに坐仏と立つ菩薩の像を安置する。そうした車が二十ほどもあって、車ごとに装飾が異なっている。この日には、寺に僧侶と信者たちが集まり、音楽が演奏され、花や香で供養する。そうした車が都の市内に入ると、ひと晩中、灯火をともして伎楽で供養する。富んだ者たちは功徳を積むために医療用の建物を市内に建て、集まってきた国中の貧しい者、身寄りのない者、病気の者たちに飲食を与え、医師が薬をほどこしたという。

また、『法顕伝』の師子国（スリランカ）の条では、この国はインドから伝えられた仏の歯を尊重しているため、三月には釈尊の像ではなく像の背中に乗せられた仏歯が無畏山精舎《むいさんしょうじゃ》までパレードしており、王は道路を整備させ、裕福な信者たちが飾り立てた道路の両側に、スダーナの像、シュヤーマ（睒子）の像、人間以外では象王、鹿、馬の像など、釈尊の五百の前世の姿を造って彩色させ、生きているようだったという。こうした多くの像が造られたのは、スダーナがいかに布施に努め、苦難を乗り越えて妻と再会したか、シュヤーマがいかに親孝行であったか、鹿であった時の釈尊が仲間を救うためにいかに命を投げ出したか、といったジャータカが日頃よく語られ、信者たちによく知られていたためだ。

西域の仏教芸能

巨大な仏の石像が作られ、芸能が盛んであった西北インドからコータンを始めとするシルクロード諸国にかけては、行像を含め、釈尊の誕生日を祝う祭りはさらに大がかりだったようだ。『法顕伝』によれば、コータンでは先頭に立って行像する大乗の大寺の四輪の山車は、高さが三丈余りあって仮の宮殿のようであり、仏に従う二菩薩や天人の侍従たちの像は金銀で飾られていたという。仏教の祭りは国をあげての一大行事となっており、ありとあらゆる音楽・芸能が演じられたようだ。仏教が広まるということは、こうした行事や音楽・芸能が広まることでもあったのだ。

唐の段成式《だんせいしき》（八〇〇?～八六三）の『酉陽雑俎《ゆうようざっそ》』巻第四の亀茲《きじ》（クチャ）国条には、こうある。

元日には闘牛と競馬を楽しみとし、七日には吉兆を観察して一年間の羊や馬の増減繁殖を占う。婆《ば》羅遮《らしゃ》は皆な犬の頭のかぶりものや猿の面をつけ、男女が昼となく夜となく歌い踊る。八月十五日には行像し、縄跳びをして遊ぶ。

「婆羅遮」については諸説があり、ペルシャを指すとも言われる。いずれにせよ、亀茲では特定の祭日に人々が動物の皮で作ったかぶりものや面をつけて歌い踊ったのだ。犬と猿に扮する芸は、西域の芸能を受け入れた中国では人気となっており、犬と猿が戦う様子を演じて見せる芸がしばしば演じられ、絵にも描かれた。この日には行像がなされ、多くの人々が縄跳びをして遊んだという。行像に際しては、様々な音楽が演奏され、また多様な芸能が披露されたことだろう。

西域の音楽

西域の音楽・芸能の記録は少ないため、中国の資料から推測するほかない。『旧唐書』巻二十九「音楽志」では、北周・隋以後、よく演奏される管弦の雑曲は数百曲もあったが、多くは中国と西域との接点である西涼の音楽であり、鼓舞曲はおおよそ亀茲の楽を用いたという。『隋書』巻十五「音楽志」によれば、隋の文帝が開皇年間（五八一〜六〇〇）の初めに「七部楽」ないし「七部伎」と称される制度を定め、音楽と舞を整備した際、その多くは西域系だった。第一は国伎、二は清商伎（清楽伎）、三は高麗伎、四は天竺伎、五は安国伎、六は亀茲伎、七は文康伎であって、それ以外の雑伎として、疏勒（カシュガル）、扶南（カンボジア）、康国（サマルカンド）、百済、突厥、新羅、倭国などがあったという。

このうち、国伎とは、西涼伎を指す。つまり、中国の西端に位置して西域との接点であった河西の涼州で、インドの影響が強く西域の音楽・芸能の中心地だった亀茲から伝わった亀茲楽と中国中央から流れてきた民間音楽の清商伎が融合して出来たものだ。高麗伎は高句麗の楽舞。天竺伎はいわゆるインド音楽であって、安国伎は、イラン系の安国（ブハラ）の舞楽、亀茲伎はクチャの舞楽、文康伎は西域の胡楽や中国の諸楽を融合したものであって、儀礼の最後に演奏されたところから礼畢《れいひつ》（儀礼の終わり）とも呼ばれていた。

文帝を継いだ煬帝《ようだい》は、七部に康国・疏勒を加えて九部とし、唐代になると、太宗は七世紀半ば頃に、讌楽《えんがく》と高昌（トルファン）の楽を加え、礼畢を除いて十部としている。讌楽は、皇帝の宗廟を祀る際の格式高い雅楽、胡楽、俗楽を合わせたものと言われている。こうした七部・九部・十部の構成を見ても、インド・イランの影響を受けた西域の楽舞がどれほど中国で流行していたかが知られよう。西域では、これらの音楽や舞が、仏教の祭日などに演じられたのであり、中には「舎利弗」という曲もあったことが記録に見えている。おそらく、舎利弗が釈尊に帰依した物語を曲に仕立てたのだろう。こうした曲の中には、亀茲の仏教曲が中国で「金華洞真」と改題され、道教の曲として演奏される例もあった。

図4　反弾琵琶

楽器についても、多様な西域の楽器が中国・日本へと伝わっていっている。中には琵琶のように、仏教との結びつきの強い楽器もあった。そうした西域の仏教文化を反映している敦煌の壁画には、楽器を演奏す

図5 『信西古楽図』 綱渡り

る天人を描く際、琵琶を背中側に回し、見ないで弾いている様子を描いた画がいくつも見られる。「反弾琵琶」と称されるこうした曲弾きは、現代まで伝わっており、音楽と舞と曲芸が一体となった西域由来の芸能がいかに盛んであったかを物語っている。

中国の仏教芸能

中国での行像については、北魏の都、洛陽における六世紀前半頃の仏教の隆盛ぶりを描いた揚衒之《ようげんし》『洛陽伽藍記《らくようがらんき》』に詳しい。同書は、金銀宝石で豪勢に飾り立てられた長秋寺について、白い象の上に乗った釈尊の像が、四月四日に邪を払う獅子に先導され、山車に乗せられて街に繰り出すと、車の後について行って刀を呑んだり火を吐いたりする者、群馬の足並み揃えての行進、竿昇りや綱渡り、不可思議な魔術、奇妙な技と異様な衣装の者たちが続き、都で第一の見物だったという。そして、像が留まる所では見る者が垣根のように取り囲み、見ようとして互いに跳ね上がり、常に死者が出る、と述べている。これらの曲芸の多くは、むろん西域由来のものだ。獅子が先導するのは、仏伝である『太子瑞応経《たいしずいおうきょう》』では、釈尊が生まれる際、五百の獅子が雪山（ヒマラヤ）からやって来て宮殿門の前に並んだとされており、仏法を護る霊獣のように扱われていることも一因だろう。

また、景楽寺の記述では、大きな法要に当たっては女性の音楽隊が歌と踊りと演奏を披露しており、尼寺なので男は見ることができないが、この様子を見た者は天の国のようだと思ったという。男性禁止がゆるむと、多くの者たちが出入するようになった。音楽や伎芸が寺でなされ、珍しい鳥や動物の衣装を身につけた者たちが寺の庭で舞い踊り、空を飛んで幻惑するなど、世間では見られない光景だった。異国の不思議な伎芸は、ことごとくこの寺に集まったため、これを見る男女は目がくらむばかりであったと伝えられている。

西域の音楽・芸能の浸透

こうした状況も、北魏が東魏と西魏に分裂すると、戦乱で寺が焼かれるなどして衰えてしまうのだが、逆に言えば、シルクロード文化の受け皿であった洛陽の文化が中国各地に広まっていったことになる。この当時に開鑿された石窟寺院には、上述したような雑戯が彫られているものもある。雲岡石窟第三十八窟の壁には、音楽を演奏する者たちと並んで屈強な男が額で支えている竿に童子が昇って曲芸をする様子が彫られている。また敦煌の北魏時代の石窟には、芸人が二本の竿の上に立って長い足のようにして歩く様子と、芸人が身をそりかえらせて腹の上に竿を立て、少年がそれに登って芸をする様子が描かれている。インド・西域のこうした音楽と芸能は、仏教を通じて中国に広まっていったのだ。

隋から唐にかけての音楽は、（一）雅楽（郊祀祭儀、宗廟祭祀、元旦などの朝見儀礼、重要な役職を任命する際の儀礼)、(二) 多部伎楽 (九部伎、十部伎など宮中の宴会の音楽・舞)、(三) 散楽 (百戯・雑戯などと呼ばれる種々の曲芸や芝居など)、(四) 鼓吹楽 (軍楽) であり、雅楽は次第に衰え、九世紀初め頃には最も劣った楽人が雅楽担当に回されるようになっていたという。日本に伝えられ、雅楽と称されているのは、(二) の系統の宮廷の音楽・舞だ。

八関斎での唱導

毎月の八日、十四日、十五日、二十三日、二十九日、三十日の六斎日は、在家信者たちが寺院や大きな邸宅などに集まって朝から一日、出家した僧に近い生活をすることが要請された。日頃の「不邪婬戒(よこしまな性行為をしない)」という在家戒に替えて、「不婬(性行為をしない)」など八つの項目を守ったため、八関斎とも称される。六斎日は、インドでは天の神ないしその配下の者が世間を視察する日とされており、その日は、信者は朝から晩まで決められた通りに戒を守って暮らした。その日には、僧が経典の講義や説法などをおこなった。

インド仏教では、教えを散文で説いた後、その内容をガーターと呼ばれる読誦しやすい韻文でまとめることが多かったため、経典を漢訳する場合も、散文である長行《じょうごう》と韻文の偈の形で訳された。早い時代の経典漢訳は生硬な訳文が多かったが、鳩摩羅什訳は、漢文に通じるようになった羅什自身と知識人揃いである弟子たちの工夫により、画期的に流麗なものとなった。このため、そうした美文の経文を美声で節をつけて読誦し、人気となる僧侶も出てきた。

また、夜も戒律を守ってすごさねばならない八関斎の場合、夜がふければ当然眠くなる。そこで、眠気をさますような話がされることになるが、その時に歓迎されたと思われるのが仏教関連の興味深い話や楽しい話だ。『梁高僧伝』巻十三の「唱導」では、「法会の際、疲れてくると、年配の僧を招いて座に登って説法させた。そうした僧は、あるいは因縁を述べ、あるいは比喩を引いた」とある。涙をさそう由来話を語ったり、冗談交じりの巧みなたとえ話などを語って教訓を説いたりしたのだ。先にも記した『百喩経』などは、ほとんど笑話と教訓の羅列と言ってよい。

説教師としての鳩摩羅什

『法華経』『般若経』『維摩経』『阿弥陀経』『中論』などを訳し、中国を大乗仏教の国とした鳩摩羅什も説教のうまい僧であって、経典を講義する際は、興味深い譬喩などを交えて説いていた。時には本文からやや脱線する場合もあったという。実際、羅什の講義を含むとされる『大智度論』の巻十二では、釈尊と対立して危害を加えようとしたデーヴァダッタについて、次のような本生譚が説かれている。

デーヴァダッタは、前世では蛇だった。蝦蟇《がま》蛙と亀と仲が良く、同じ池の中におり、親友であった。池の水が枯れ尽くすと、餓えて困ったため、蛇は亀を使いにやって蝦蟇を呼んだ。しかし、蝦蟇は偈によって答え、亀を派遣して言わせた、「もし貧困な状況になって本心を失ってしまえば、守るべきあり方を考えず、食べることを先とする。あなたは私の言葉を聞いて蛇に語ってほしい。蝦蟇

はついに汝の近くには行かないぞ」と。（大正二五・一五〇下）

この場合は、賢い蝦蟆が釈尊の前生ということになるが、この話は現存するジャータカには見あたらない。羅什の生まれた西域で語られていた笑話か、羅什が作った逸話だろう。この話は、中国では『経律異相《きょうりついそう》』『法苑珠林《ほうおんじゅりん》』で簡略化して引かれ、日本でも『沙石集《しゃせきしゅう》』が少し改めて利用している。

唱導の発展

説法の話術は次第に発展していっており、『梁高僧伝』巻十三「唱導」の条では、経典講義や説法の名人であった十人の僧の伝記を収録し、唱導に必要なのは「声・弁・才・博」だと述べ、良い声、見事な弁舌、意外で巧みな表現をする才、様々な階層に応じた説法ができるよう博学であること、の四つをあげている。ただ、こうした条件を備えて見事に説法するよう努めれば、芸能に近づいていくのは当然だろう。特に寺の創建や修理などのための布施をつのることを目的とした法会にあっては、情感に訴える表現を用いて感涙をしぼらせる僧が歓迎されることになりがちだ。実際、慧皎は唱導の部の末尾で、大げさであったり飾ったりする話し方をするばかりで、法を正しく伝える能力のない者が活躍している状況を批判している。

『続高僧伝』巻第六「釈真玉伝《しゃくしんぎょくでん》」によれば、六世紀半ばに北斉で活躍した真玉は、生まれつき目が見えなかった。その母が憐れみ、七歳になると生活できるよう琵琶を弾くことを教えた。後に、盛大な斎会で講師の講経を聞き、法師になれば餓える心配が無いと真玉が言ったため、母は風雨をいとわず講経の席に連れていったところ、真玉は成人すると講経で天下に知られ、皇帝がその講経を聞くにまで至ったという。この伝記は、当時の一般向けの講経は、琵琶芸人が自分でもできると思うほど芸能的な語りや朗詠を交え、名声と富を得ていたことを示す。また、『続高僧伝』巻二十「釈解脱伝」の末尾には、唐の永徽年間（六五〇～六五五）に、盲目の琵琶弾きが山に向かって琵琶を弾きつつ『法華経』を吟じていたという記録も見えている。琵琶は仏教と関係深かったのだ。

西域の芸能の普及

この当時、仏教芸能が民間の習俗と習合するほど広まっていたことは、六世紀の初めから半ばにかけて南朝の梁で活躍した宗懍《そうりん》が当時の風習を記した『荊楚歳時記《けいそさいじき》』からも知られる。同書の十二月条では、十二月八日には村人は細い腰鼓をつけ、「胡公頭（西域人の面）」をかぶったり、金剛力士姿となったりして疫病神を追い、沐浴して罪障を除く、とある。十二月八日は釈尊が悟ったことを祝う成道会の日だ。

「胡公頭」とは、法隆寺に所蔵されている伎楽面のようなものを指すのだろう。法隆寺の面は、インド人の顔つきでなく、おでこが出ていて目がくぼみ、極度のわし鼻となっており、明らかにイラン系の顔を誇張した顔つきになっている。また、金剛力士については『教訓抄』では、女に強引に言い寄る色黒の男をやっつける役割を果たしている。このため、村人が金剛力士姿となって疫病神を追い払うというのは、寺院で演じられていた伎楽が疫病神などの邪鬼・邪神を追い払う中国の宗教儀礼と習合していることを示すのだろう。この記事によって、村々の習俗にまで影響を及ぼした都市の寺院における伎楽の盛んさが推測される。

盂蘭盆会の流行

孝を最高の道徳とする中国では、家族を捨てて出家する仏教に対する儒教側の批判に対抗するためもあって、仏教側は釈尊がいかに親孝行であったかを強調した。また六朝末期頃から、目連が餓鬼の世界に落ちた母親を救うため、夏安居が終わった日に僧たちに供養するよう仏が説いたとする『盂蘭盆経』に基づく盂蘭盆会が盛んになっていった。『盂蘭盆経』の基本となる部分はインド起源のものだが、現存する『盂蘭盆経』類は中国風な部分を加えて増補したもののようであり、それ以外にも様々な盂蘭盆経典が中国で作成されていった。

盂蘭盆会では『盂蘭盆経』の庶民向け講経がなされたが、次第に経の本文からやや離れた形で「目連《もくれん》救母《くも》」の物語が語り物として語られるようになっていった。さらには、「目連戯《もくれんぎ》」と称される芝居も流行し、北宋の孟元老《もうげんろう》の『東京夢華録《とうけいむかろく》』では、役者が七夕が終わってから十五日までずっと「目連救母」の芝居を上演し続けたと記している。この目連戯は大流行して各地に広まり、以後の中国の演劇の源泉の一つとなった。

僧侶による芸能

寺で仏教関連の音楽や芝居が演じられていたことは、初唐における仏教史研究の第一人者であった律僧の道宣（五九六〜六六七）の著作からも知られる。乾封二年（六六七）に増訂された道宣の『量処軽《りょうしょきょう》重儀《じゅうぎ》』では、亡くなった僧侶の遺品の処理について述べる際、芸能に用いられた道具を列挙している。第一は八種類の楽器であって、（一）金楽（鍾や鈴など）、（二）石楽（磬《けい》など）、（三）糸楽（琴・瑟など）、（四）竹楽（笙や笛など）、（五）匏楽《ほうがく》［ひさご型の楽器］（箜篌《くご》など）、（六）土楽（塤［オカリナ］など）、（七）革楽（鼓など）、（八）木楽（上音柷敔者［不明］）があげられている。第二は芝居の道具であり、傀儡（あやつり人形）・戯面（劇の仮面）・竿橈（竿昇り芸の竿）・影舞（影絵）、師子・白馬・俳優（道化役）・伝述衆像変現（不明）の像など。第三は服飾の具であって、花冠・帕索（頭に巻いたり襟にかけたりする細長い布）・裙帔《くんぴ》（スカート）・袍襦《ほうりょう》（わたいれ）・纏束（不明）・雑彩・衆宝・綺錯の類。第四は雑劇で用いられる勝負事の道具であり、樗蒲《ちょぼ》（さいころ代わりに投げる表裏のある六枚の平らな板）・碁奕（囲碁）・投壺・牽道（すごろく）・六甲行成（不明）・骰子《とうし》（さいころ）・馬局（不明）の類だ。

これらには性格の不明なものも多いが、いかに多様な楽器や道具や衣装やゲームが寺院内に所蔵されていたかが分かり、驚かされる。特に注目されるのは、花冠や裙帔など女性の衣装や装飾具が含まれていることだろう。これは、僧侶が美女に扮する芝居などをしていたことを示すものだ。道宣は、以上の四種類について、これらは遊びの道具であって修行に背くものであるため、売却して銭を得て、それを寺の諸費用にあてるべきだと述べている。

進む芸能化

唐の郭淀《かくてい》『高力士外伝』（七五六年以降）では、楊貴妃を失い、皇帝の座も去って淋しい生活をしていた玄宗上皇は、毎日、宦官の高力士とともに、人々が庭や建物の掃除や、草木を剪定する様子を眺め、「講経・論議《ママ》・転変・説話」を聞いたという。「これらは、経文・戒律に厳密に従ったものではないが、上皇のお心を喜ばせることをひたすら願って高力士がおこなわせたのだ」と記してあるため、気分転換となる楽しい芸能であったことが分かる。

「講経」は、ここでは経典を講釈する際、語りと歌唱を交互に混ぜて語り物のようにした経典講釈を意味している。「論議」も講師と質問者が対論する仏教の論義を芸能化したものであって、機知に富んだ意外なやりとりを楽しませるものだったろう。「転変」の「変」の原語はチトラであり、絵や像やレリーフなどを意味するため、ここでは仏伝や経典の絵解きを指す。絵解きにあたっては、「～の場面をご覧ください。その様子を詳しく述べるとなりますと」などといった言い回しがよく用いられた。むろん、偈文の朗唱や滑稽な説明を交えた興味深い内容のものだったろう。最後の「説話」は、仏教に関わる内容ではあるものの、経典の本文に縛られずに面白い筋立てを展開した語り物芸のことと思われる。

「講経」がいかに芸能化していったかについては、九世紀半ばに活躍した仏教信者の高官、趙璘《ちょうりん》の『因話録』巻四「角部」の記事に例が見える。それによれば、俗講と呼ばれる一般信者向けの経典講釈で名高かった文溆《もんしゅく》という僧は、多くの人たちを前にして、経論の講釈という形で淫猥で下品なことばかり語り、不逞の徒や愚かな男女はそれを聞くことを楽しみとし、寺院は聴衆で埋め尽くされ、世間では「和尚」と呼んだという。宮中での音楽・芸能を担当する楽人や妓女たちを教習する機関である教坊では、その歌い方をまねて歌曲を作ったほどだった。

この文淑は、長安で壁画の修復をする僧だったとも伝えられるため、仏伝や経典の名場面などを描いた壁画を歌入りで説明する役などをしていたのだろう。文淑は、宮中に招かれて俗講をおこなっており、名声が高まって反発を招いためか罪を得て流され、俗講も廃止されたが、会昌元年（八四一）に俗講が再開されると、文淑は復帰して会昌寺で俗講をおこなっている。

芸能化した「説話」が演じられたのは、寺院や周辺の戯場だけではない。富裕層については、何らかの祝いの日に僧侶や道士が招かれて説法するとともに、芸人が呼ばれて「百戯」「雑戯」と呼ばれる芸を披露したようだ。「小説」と呼ばれる語り物の芸がおこなわれることもあったという。つまり、僧侶相手の専門的な経典講釈と一般信者向けの分かりやすい経典講釈があり、後者のうちの芸能化した経典講釈が、経典を単なる素材として興味深い内容を歌入りで語る芸能へと進み、経典とはほんの少ししか関わらない講釈や、経典とは無関係の内容を語る語り物芸へと転じていったのだろう。

僧侶や芸人以外の語り手としては、妓女もいた。彼女たちは演奏や歌舞を本業とするだけでなく、客との洒落た会話の達人でもあり、その話芸の巧みさから様々な語り物を得意とする者たちも登場するようになったのだ。妓女は自由に外出することはできなかったが、『北里志《ほくりし》』「泛論三曲中事《はんろんさんきょくちゅうじ》」によれば、長安南街の保唐寺で尼による講経がなされる月の八の日には、連れ立って聞きにいくことを許されていたという。そこで語られていたのは、仏教的な内容でありながら芸能化が進んだ内容だったろう。妓女は宮中から解放されると、民間で芸能を披露しつつ活動するようになっていった。

語り物化した講経

芸能化が進んだ講経の例としては、敦煌本の『維摩経講経文』をあげることができる。『維摩経』の主人公である居士《こじ》の維摩は、仏弟子たちよりも智恵がすぐれており、人々を教化するためにわざと病気の姿をとってみせただけであって、経自身は維摩の病状についてはほとんど語っていない。それにもかかわらず、一般向けの『維摩経』講釈である敦煌本の『維摩経講経文』（S三八七二）では、以下のように大げさな表現が続くすさまじいものになっている。

居士はまさに病気になることによって仏法を説き示し、人々に俗世を厭う心を起こさせたのであります。……今日はと言えば、脈は早打ち頭は疼き、口は苦くて渇え死にしそう。腹がふくれ、病気にさせた怨敵の名を呼んで命乞いし、手も足もあげられず、ふたつの眼には光無く、坐るも臥するも手助けが要り、飲んでも食べても味がせず、唇はあがり耳は返り、歯は黒くなり爪は青、身に生ずるは紫のあざ、しゃべる言葉は平常でなく、鬼を見、神を見、寒いと思えば熱くなり……

ここまでくれば、経典は興味深い語り物を演じるための素材にすぎないことは明らかだろう。

論義の芸能化

論義は、経典の解釈をめぐって講師と対論者が質疑をおこなうことをいう。意外なやりとりを楽しむことのできる知的な遊戯としての性格も持っていた。南朝宋の『世説新語』「文学篇」には、次のような逸話が見える。

（弁舌にすぐれた）僧の支道林が法を説く役となり、（機知に飛んだ文人の）許掾《きょえん》が論難する役となった。許掾が一つの論難を発するたびに、その場の者たちは感心しない者がなかった。支道林が一つの論難を見事に切り抜けると、人々は手を打って踊らない者がなかった。聴衆たちはこの二人の論じ方の素晴らしさを讃歎するばかりであって、論点がどこにあるか理解できなかった。

つまり、人々は弁論の見事さだけを楽しんでいたのだ。僧侶同士がおこなうだけでなく、学僧の講釈の後で、他の僧侶に加えて知識のある一般の信者も自由に論義に参加する場合も多かったようであり、いかなる論難がなされても機転をきかせてやりかえすのが講師の腕とされた。初唐の笑話集である『啓《けい》顔録《がんろく》』によれば、北斉の高祖の時の大斎日に際し、ある法師が聴衆のどんな論難に対しても見事に反論すると、滑稽な振る舞いで知られていた石動筩《せきどうよう》が論義をいどんだという。

石動筩が最期に登場して論義を始めた。法師に言った。「とりあえず、法師に一つのちょっとした質問をします。仏様は何に乗られますか?」。法師は答えた。「たくさんの花びらがある蓮花に坐り、あるいは、六本の牙がある白象に乗る」。動箭が言った。「和尚様はまったくお経を読んでおらず、仏様の乗り物をご存じない」。法師がそこでまた尋ねて言った。「あなたはお経を読んでおられる。なら、仏様の乗り物は何なのか?」。動箭が答えて言った。「仏様は牛に乗ります」。法師が言った。「どうしてそれが分かるのか?」。動箭が言った。「お経では、『世尊は甚だ奇特だ（非常に特別で素晴らしい）』と説いています。どうして、立派な雄牛に騎ると言えないでしょうか!」。その場にいた者たちは皆な大笑いした。

「奇特」の「奇」は「騎」と同音であるため、「奇特」を「騎特」、つまり、「特（立派な雄牛）に騎る」ということだと論じてみせたのだ。こうした当意即妙のやりとりが喜ばれ、次第に芸能化していったのだろう。

皇帝の前での論義芸

唐には皇帝の誕生日などには儀礼として儒教・仏教・道教の代表者による論義がおこなわれたが、その後でそうした論義のパロディが演じられた例がある。高彦休《こうげんきゅう》『唐闕史《とうけつし》』「李可及戯三教《りかきゅうぎさんぎょう》」によれば、咸通年間（八六〇～八七四年）に、滑稽役者の李可及が、自分は儒教・仏教・道教の三教について論義ができると自慢したという。

その隅に座っていた者が質問した。「三教に広く通じていると言うのなら尋ねますが、釈迦如来とはどんな人ですか?」。李可及は答えた。「婦人である」。質問者は驚いて言った。「なぜですか?」。答えて言った。「『金剛経』には、「（世尊は）敷物を敷いて坐らせた」と言っている。婦人でなければ、どうして夫が坐った後に子どもが坐るよう気にかけるだろうか」。皇帝陛下はこれを聞いて笑った。また質問者が尋ねた。「老子はどんな人ですか?」。答えて言った。「これも婦人である」。質問者は、いよいよ分からなくなった。そこで、李可及は言った。「『道徳経』は、こう言っている。「私には大変な悩み事がある。それは私の身だ。私の身が無くなれば、私は何を悩むだろうか」と。婦人でなければ、どうして「身」について悩む必要があるだろうか」。皇帝陛下は大喜びした。また質問者が尋ねた。「孔子様はどんな人ですか?」答えて言った。「婦人である」。……

「敷座而坐」は、敷物を敷いて坐ったというだけのことだが、李可及は、「敷物を敷いて坐らせた」の意だと強引に解釈し、主婦なればこそ、家族の坐る順序や位置のことを配慮して坐らせたのだと論じたのだ。「身」について悩むとは、『老子』が、苦しみの根源は私に「身」があるからであり、身こそが苦しみの元なのだと説いている箇所を利用し、「身」を発音が同じ「娠」に読み替え、「妊娠こそが悩みの元だ」と言うのは婦人だからだ、と主張して笑わせたのだ。

こうした論義は、それまでの機知に富んだ清談などに加え、芸能や文学にも影響を与えた。先に触れた敦煌本『茶酒論』は、滑稽な芝居の台本であって、頭に酒を象徴するものをつけた役者と、頭に茶を象徴するものをつけた役者が、舞台で論争して観客を楽しませていた可能性が指摘されている。少なくとも芝居と関係あった可能性が高い。

異国の美女たち

なお、先に見たように、仏教芸能は妓女とも結びついていた。唐の段成式の『酉陽雑俎』巻五「怪術」によれば、様々な魔術を見せるナンダという名の「梵僧」が蜀（四川）にやってきた、歌と音楽を得意とする三人の若い尼たちを連れ、大いに酔って怪しい歌を歌ったため、守備の将に捉えられたが、鬼神の術を使う僧侶だと申し立てたため、高官が夜、酒宴を開くと、僧は尼たちに胡楽の舞の衣装を着させ、尼たちが媚態を示して踊ったところ、ナンダは将の刀を取って尼たちに切り付け、血が飛び散った。将が兵にナンダを捕縛させようとすると、ナンダは笑い、尼の死体を持ち上げると三本の竹の杖であって、血は酒だった。ナンダは他にも不思議なことをやってみせ、謎のような預言をし、壁の中に入って姿を消したという。これは、実際の僧というより、歌舞と売春を行う女たちを連れ、仏教の素材を利用した奇術をおこなう僧形の芸能者と見た方が良いだろう。

宋代の仏教芸能

日本から宋に渡った天台僧、成尋《じょうじん》の『参天台五台山記《さんてんだいごだいさんき》』延久四年（一〇七二）四月二十二日の条では、杭州での然灯会では、女性たちが琴や笙を演奏し、伎楽が盛んに演じられ、鼓を打つと水が様々な形に変化し、二人が呪師のように回転してみせたという。いわゆる「水芸」が演じられ、また二人の女性がソグド系の舞姫がくるくる回る胡旋舞のような舞をしてみせたのだろう。

南宋の耐得翁《たいとくおう》の『都城紀勝《とのじょうきしょう》』（一二三五）のうち、「瓦舎衆伎（演芸場での諸芸）」の項では、当時の話芸の芸人について、恋愛物、怪奇物、裁判物、歴史物、軍記物その他を専門とする芸人がいると述べており、仏書を講ずる「説経《せっきょう》」と、師と弟子との対話の形で坐禅の公案や悟りに関するやりとりを興味深く弁じてみせる「説参請《せっさんしん》」というタイプがあったという。寺の外での芸能であるため、「説経」にしても「説参請」にしても、唐代に寺やその周辺の戯場で演じられていた語り物以上に面白おかしく演じたのだろう。

「説参請」については、名手として宝庵、管庵、喜然和尚といった名があげられていることから見て、還俗した僧侶や居士の姿をした芸人がおこなっていたものと見られる。この当時の文献は残っていないが、禅に近づいて『詩禅』という作を著わす一方で、卑俗な表現を多用した戯曲を書いたことで知られる明の李開先《りかいせん》（一五〇二～一五六八）の作品、「打啞禅院本《たあぜんいんぼん》」などから、どのような滑稽な問答がなされていたかが推測できる。「打啞禅（啞禅を打す）」とは、黙ったまま禅問答をすることであり、「院本」とは脚本のことだ。その内容をまとめると、次のようになる。

和尚が賞金をかけてだんまり問答の相手をつのると、肉屋が応じた。和尚が指を一本出すと、肉屋は二本出し、和尚が三本出すと、肉屋は五本出すなどした。和尚は感心して賞金を渡し、問答について回りの人に説明した。指を一本出し、「一人の仏（釈尊）が世に出た」と示すと、肉屋は二本出して「二菩薩、涅槃に来たる」と返した。和尚が三本の指を出し、「仏法僧を三宝となす」と示すと、肉屋は五本出して「達磨の流れは五派となる」と答え、和尚がうなずいて「禅をわきまえている」と賞讃の意を示すと、肉屋は和尚と我が身を指さし、「自分も他人もなく平等だ」と示したので感服したというのだ。ところが、肉屋に聞いてみると、「和尚が指を一本出し、寺に豚が一匹いるから売るというので、指二本出して二百文でどうだとやった。和尚が指を三本出して三匹売るというので、こちらは指五本出して、三匹なら五百文だと答えたら、和尚がうなずいたので、相手と自分を指し、お互いに満足だといってやった」と答えた。

こうした芸人については、日本の後代の例から見て、説教上手で人気があったものの、破戒して寺を追い出されたりしたような僧などが含まれていたことだろう。

韓国の仏教芸能

仏教の影響が見られる六世紀の高句麗の墓の壁画には、死者を慰めるため、様々な曲芸や力技をしている者たちが描かれているものがある。西域や洛陽など中国の北地で盛んだったそうした芸能が、仏教とともに高句麗にまで流入していたことが知られる。韓国仏教独自の特徴の一つは、早くから法会が在来の祭天の祭りなどと習合したためか、八関斎を始めとする様々な法会において歌舞が演じられており、芸能との結びつきが強かったことだろう。『三国史記』巻四「新羅本紀」第四によれば、新羅の仏教振興に努めた真興王は、高句麗からやってきた恵亮《えりょう》を僧官の最上位である僧統に任命し、鴻済元年（五七二）に戦死者のために「八関筵会《はっかんえんえ》」を七日間にわたって寺で行わせている。この時、死者を歌舞によって慰める従来の習俗と仏教の儀礼とが混淆していたかどうかは不明だが、後代になっていくにつれ、この混淆が進んでいったことは疑いない。

法会における歌舞については、『三国遺事』巻四「月明師兜率歌《げつみょうしとそつか》」の項にも見られる。景徳王十九年（七六〇）に、太陽が二つ並んで現れた際、役人が縁のある僧に散華《さんげ》して梵唄《ぼんばい》を詠わせればこの不吉な状況を払うことができると上奏した。たまたま、月明師が道を歩いていたため、王が召してその儀礼を行わせようとすると、自分は「国仙の徒であって、ただ（在来の）郷歌を歌うことができるのみであり、声明・梵唄には通じていません」と述べた。王がそれを許すと、月明は新羅の言葉で「兜率歌」を作って歌い、天の異変がおさまったという。「国仙の徒」とは、青少年の結社である花郎《かろう》のメンバーのことだ。花郎たちは弥勒信仰を柱として仏教、儒教、神仙思想などを学び、山野を跋渉して鍛錬に励み、新羅の伝統習俗の影響を受けた歌舞をおこなっていたのだ。

月明は、妹が亡くなった際は、西に行く月に向かって、南無阿弥陀仏と唱える者を西方に連れて行ってくれるよう懇願する情緒に満ちた歌を作っている。『三国遺事』に見えるこうした伝承には、歌が含まれていることが多く、仏教系の芸能者が語り歌って伝えていたものと思われる。

仏教系の芸能者

そうした芸能者の中には、女性も含まれていた。『三国遺事』「憬興遇聖《きょうごうぐうしょう》」によれば、唯識説や浄土教に通じ、七世紀後半に活躍した憬興が国師に任じられて病気になった際、老いた尼がやって来て、その病は気疲れによるため喜び笑えば治ると告げ、十一の様々な表情をなし、それぞれ滑稽な舞を踊ったところ、とんでもない様子だったので、皆が大笑いし、憬興の病気もたちまち治った。すると尼は門を出て隣の寺に入っていったが、持っていた杖が十一面観音の絵の前に置かれていた、という。この説話は、南巷寺の十一面観音像が尼に化現して現れ、病気を治したという霊験譚とみなされているが、特徴のある仏像のものまねを滑稽な形でやって笑わせる男女の仏教系の芸能者か、芸能を得意とする僧尼がいたことを示すものだ。怒った顔や大笑いする顔など、様々な表情の顔を頭の上に載せている十一面観音については、祈願すると像が動くと儀軌に書かれているため、動くことについては他の仏像より違和感が少なかったことと思われる。

法会以外の場でも、芸能者や芸能達者な僧尼は活躍していた。負簣和尚と呼ばれた新羅の恵空が市街をまわって歌い踊ったことは先に触れた。その恵空と親しかった元暁についても、滑稽芸人が用いる大きな瓢を手に入れ、それを持って各地を歌い舞って回り、人々に仏教を教えたと伝えられている。新羅仏教の教理面の代表である元暁は、その菩薩戒の注釈などから見て、戒律を墨守する僧たちを批判し、自由に振る舞っていたようであるため、仏教歌を作るなどして民衆教化に努めたのは事実だろう。ただ、右の話は後代の伝承であり、元暁と関係深い芬皇寺《ふんこうじ》を本拠として各地を回った仏教系の芸能者たちが自分たちの元祖として元暁を祭り上げたらしいことは、歌入りの伝承には芬皇寺に関わるものが多いことからも知られる。

各地を回るという点では、琵琶居士が注目される。『三国遺事』巻第二「文虎王法敏」によれば、車《しゃ》得公《とくこう》は異母兄である王に、宰相となって政治にあたるよう要請されると、「国内をお忍びで見て回り、民間の労役の負担、租税の軽重、官吏の清濁などを確かめた後、任務に就きたい」と申し出て許され、黒衣で琵琶をかかえて居士の形となり、都を出たと記されている。この場合の「居士」とは、単なる在家の信者ではなく、日本の琵琶法師に当る仏教系の芸能者を指すのだろう。中国でも、この時期の少し前に盲目の男が山に向かって琵琶を弾きつつ『法華経』を読誦していたとする例がある。

高麗の八関会

『三国遺事』巻三「皇龍寺九層塔」では、隋末に中国に渡った新羅の慈蔵《じぞう》は五台山で出会った神人から、故国に戻って皇龍寺に九層の塔を建て、八関会（八関斎）を設けて罪人を恩赦すれば、外国に侵略されることはない、と教えられたとしている。むろん、後代の伝説だが、八関会が罪人の恩赦と組み合わされ、護国のための儀礼としての性格を強めていったことが知られる。

太祖が高麗を建国すると、高級官僚が八関会と然灯会を廃止するよう上奏しているのは、そうした八関会と然灯会がいかに大がかりで多額の費用を必要とするようになっていたかを示すものだ。だが、太祖はその上奏を退け、即位の年にこの両者を実施しており、以後、毎年おこなっている。国家の方針を定めた『訓用十条』では、第一条で仏教尊重を強調したうえ、然灯会と八関会については、「燃灯は仏にお仕えする手段であり、八関は天の霊、五岳、名山、大川、竜神にお仕えする手段である」と記している。国家の祖先を祭る儀鳳楼と国王の寺である法王寺とは東西に並んでおり、国王は儀鳳楼で山川や神々を祀り、奉納される音楽を聞いた後、法王寺で法会の芸能を見たようだ。

八関会では、巨大な山台と、きわめて高い位置に色とりどりの布を張り渡した飾り棚が作られ、仮面戯を含む様々な中国・新羅の歌舞や曲芸などの類が披露された。これが後に民間に広まっていって韓国芸能の源泉となっていく。八関会は年々盛んになっていっており、膨大な国費がつぎこまれたと言われている。こうしたことが、李朝での儒者たちによる仏教攻撃の材料となったのだ。

盲僧

高麗で注目されるのは、盲巫《もうふ》とも称される盲僧の活躍だ。『高麗史』の元宗（一二六〇～一二七四）の代の記事には、陰謀事件で吉凶を占った盲僧の伯良《はくりょう》が海に投げ込まれたとしたのを始めとして、呪詛をおこなった盲僧が罰せられた記事が少々見られる。一方、忠烈王三年（一二七七）には王の母が盲僧を召して厄を払わせており、同六年（一二八〇）には盲僧たちを集めて雨を祈らせるなどしている。こうした盲僧たちは仏教・道教・陰陽五行説・民間信仰などの影響を受けており、雑多な擬経を作りだし、依頼を受けて琵琶を弾じつつ祈禱をしていたらしい。

こうした盲僧の芸能面に関する記述はほとんどないが、その影響を受けた日本では、清水寺別当の定《じょう》深《じん》が十二世紀初めに著した『東山往来』に、琵琶を弾じつつ『地心経《じしんぎょう》』を読誦して厄を払う盲僧のことが記されているため、高麗の状況が推測できる。『地心経』は、地鎮の儀礼をおこなうよう説く擬経だ。涅槃した釈尊を火葬して埋葬しようとしたところ、その地の地主神たちが埋葬を拒否したため、釈尊が棺の中から起き上がり、五色の幣帛《へいはく》を捧げて説法したところ、ようやく埋葬が認められたと述べ、墓を掘ったり家を建てたりする際、その他様々な危難がある時は、この『地心経』の陀羅尼を読誦せよと説いている。変格漢文で書かれているため、中国製の地鎮経典を元にして高麗で作成されたものと思われる。

韓国では琵琶を弾く盲僧はいなくなり、『地心経』は、最近では地方で読経《とっきょん》と呼ばれる民間宗教者によって読誦されていることが、日本の研究者の調査によって報告された。『地心経』は日本では『地神経』と称され、現代まで九州の盲僧たちによって琵琶の伴奏で読誦されてきた。日本のそうした盲僧たちは、『地神経』『般若心経』、仏教と中国・日本の民間信仰が習合して生まれた台所の神である荒神を祀る『荒神経《こうじんきょう》』その他を読誦し、竈《かまど》の神を祈り、滑稽な戦記物などを語ったりしていた。十一世紀半ば頃に書かれた藤原明衡《あきひら》の『新猿楽記《しんさるごうき》』では、「琵琶法師の物語」が滑稽な芸とされていることから見て、新羅の琵琶居士の伝統をひく高麗の盲僧も、琵琶の伴奏で『地心経』その他の経典を読誦し、様々な厄払いや治病や占いをし、時に滑稽な歌や物語を披露していたのだろう。高麗中期になると、盲僧は国家によって組織され、祈雨などの儀礼を行い、都である開京の明通寺を本拠地として活動していた。

李朝の仏教芸能

李朝では儒教による仏教弾圧が進んだが、後宮の女性や一般の民衆の間では仏教が根強く残り、様々な仏教儀礼が行われて芸能も演じられた。たとえば、野外に立てられた柱に巨大な仏画を掛けて供養する掛仏斎《かぶつさい》でも、音楽・芸能が奉納された。優戯と呼ばれる滑稽なものまね芸では、仏教系のものまねも演じられており、許筠《きょいん》『蔣生伝《しょうせいでん》』によれば、十六世紀に活動した蔣生は、盲人、酔っ払った巫堂《むーだん》、怠惰な学者、亭主に冷遇された女房、ご飯をねだる乞食、年老いた乳母などをまねたほか、十八羅漢《じゅうはちらかん》の表情を演じ分け、笛や琵琶などの楽器の音まねや鳥や犬の鳴きまねもうまかったという。また、柳夢寅《りゅうぼういん》『於于野談《おうやだん》』の洞允《とういん》条によれば、十七世紀の僧、洞允は多才であって優戯を得意とし、動物の声を巧みにまねたという。儒教が主流になって仏教は弾圧されていたこの時期になっても、十八羅漢のものまねがなされ、芸人に近い説経僧と思われる僧侶がものまねをやっていたことが注目されよう。

雑戯を柱とする様々な芸能を披露しつつ旅回りをし、差別されていた芸能集団が、李朝朝鮮期から現代に至るまで「男寺党《なむさだん》」と呼ばれているのは、そうした芸が仏教芸能に基づいていた証拠だ。男寺党が近年になって伝統芸能として評価されるようになったのは喜ばしい。

日本の仏教芸能

日本は、仏教芸能を含め、仏教関連の資料の宝庫であって、古代以来少しだけ、あるいはかなり変わりつつも現在まで伝わっている儀礼・芸能が多い。ここでは、重要な点、それも意外で面白い例をほんの一部だけ紹介するに止めざるを得ない。

日本の大がかりな仏教芸能は、推古朝に導入された伎楽が最初だ。渡来系であって興福寺の楽人の家柄である狛近真《こまのちかざね》（一一七七〜）が天福元年（一二三三）に完成させた『教訓抄』のうち、巻第四「妓楽《ママ》」条では、「師子舞」「呉公」「金剛」「迦楼羅《かるら》」「婆羅門《ばらもん》」「崑崙《こんろん》」「力士」「大孤《たいこ》」「酔胡」などの曲が列挙されている。このうち、行列の先頭に立ち、清めの露払いの役を持つ師子舞については、『法隆寺伽藍《がらん》縁起《えんぎ》及《および》流《る》記《き》資財帳《しざいちょう》』の伎楽の項によると、五色の毛をした造り物の師子の中に二人が入り、一頭につき「治道」と呼ばれる二人が付き添っていたらしい。

「婆羅門」は「ムツキアラヒ」とも言うとあることが示すように、襁褓《むつき》（おしめ）を洗う様子をする滑稽な舞いだ。婆羅門とは、仏教では外道と呼ばれたインドの伝統的な宗教者のことだが、東アジアでは外道を指す場合とインド僧を指す場合がある。後述する『新猿楽記』が列挙する滑稽な芸の中に「妙《みょう》高尼《こうに》ガ襁褓乞ヒ（妙高尼のおしめ乞い）」とあるのは、この「婆羅門」の変形と思われるため、ここで言う「婆羅門」は、禁欲期間中の婆羅門か修行に励むべきインド僧が子供を作ってしまい、おしめを洗う様子をやってみせたものと思われる。西大寺や観世音寺の資財帳には、「帛洗物」「帛洗巾」などとして七尺の薄絹が記録されていることから見て、「ムツキアラヒ」は、長くて白い布を新体操のリボン演技のようにひらひら振るもの、つまり後代の晒布舞《さらしぬのまい》の源流であった可能性もある。

「崑崙」と「力士」については文章に乱れがあるが、中国では東南アジアの人間を意味することもあった「崑崙」、すなわちインドないし東南アジアの色が黒い男が「呉女《ごじょ》」と称される中国南朝の美女に懸想し、大きなマラカタ（はりぼての男根）を誇示して叩きつつ言い寄ると、力士が登場し、マラカタに縄をかけて引いて打ち折るという猥雑なものであって、「外道の崑崙が降伏する真似である」と説明されている。大きなマラが打ち折られるのは、男性器を神聖化したリンガ崇拝で知られるヒンドゥー教の否定を意味するものと見る説もある。

次の「大孤」は、老女が遺児二人を連れ、腰を押させてやっとのことで仏前に参詣し、仏を礼拝する様子だという。「太孤父《たいこふ》」と記す文献もあるうえ、現在残っている法隆寺所蔵の面は顎の下部に穴が空いており、ひげがつけられるようになっていたと推測されているため、本来は老翁だったのだろう。ただ、後の日本のものまね芸では、老女のまねが広くおこなわれるようになった。

「酔胡」は酔った胡人の振る舞いを誇張してやってみせるものであり、これも滑稽なものまね芸だったと考えられる。「胡」は中国より西の地方を意味する語であって、広くは天竺（インド）まで含むが、中央アジアを指すことが多い。法隆寺、東大寺その他の諸寺に多数残る伎楽面が、インド人ではなく、イラン系の容貌ばかりであることも、それを裏付ける。

右であげた演目すべてが推古朝に導入されて演じられたのではないだろうが、『日本書紀』によれば、天武天皇の朱鳥元年（六八六）四月に、新羅の使節をもてなすため、川原寺《かわらでら》の伎楽を海外交渉の玄関である筑紫に運んだという。川原寺は、一切経の書写をさせるなど、国家が整備に努めていた官寺であるため、その寺の伎楽は当時は最も壮大なものだっただろう。つまり、天武天皇の頃になっても、海外からの使節をもてなすための音楽・芸能の代表は、諸寺院が伝える滑稽な伎楽だったのだ。

舞楽と散楽の導入

ただ、奈良時代になって唐から宮中の宴会での音楽や舞が伝えられると、雅楽寮が設置されて講習がなされ、こちらが主流となった。また、散楽と称された様々な曲芸や滑稽な芸が伝えられると、雅楽寮の支配のもとに散楽戸《さんがくこ》が置かれ、朝廷の保護を受けつつ家ごとの世襲によって芸を伝えていく体制が確立された。これらの新しい音楽・芸能は寺院でも演じられるようになり、天平勝宝四年（七五二年）の東大寺大仏開眼供養法会では、諸国の音楽・歌舞とともに散楽が奉納されている。こうした流れの中で伎楽は下火になったが、四天王寺その他の寺では伎楽の伝統が守られたうえ、寺院でも唐や韓国の音楽と歌舞、楽しい散楽が披露されるようになった。

桓武天皇の延暦元年（七八二年）に朝廷の経費縮小策によって散楽戸が廃止されると、散楽芸人たちは大寺院と結びつくようになり、普段は寺の仕事をして儀礼の時だけ芸能を奉仕する僧形の者や、各地を流浪して回る僧形の芸人が登場するようになった。また、僧の中にも、各種の儀礼において芸能色の濃い派手な振舞いをする者が出てきた。

修正会

芸能と最も結びつきが強い法会は、奈良時代から平安時代にかけて盛んになっていった修正会《しゅしょうえ》だろう。修正会は、修正月会の略であって、奈良時代半ばに始まり、正月八日から七日間にわたって諸国の国分寺でおこなわれた懺悔の法要だ。中国では南北朝後期には『金光明経』懺悔品に基づき、自らの罪過を懺悔する悔過《けか》法会がおこなわれるようになっていた。その悔過法会が韓国を経て日本に導入されると、中国の宮廷における年末の邪鬼払いの儺《な》の行事、日本の豊作を祈る祈年祭などと習合し、個人の罪を懺悔する儀礼が、古い年のうちに人々によってなされた罪穢を払って新しい年の五穀豊穣を祈る新年の重要儀礼となって定着したのだ。

修正会にあたっては、魔や穢れが入らないよう法呪師《ほずし》が鎮壇儀礼を担当し、「走り」と称される所作をおこなう。こうした儀礼は早くから芸能と結びつき、悔過法会の後では滑稽なものを含む様々な芸能が披露されるようになった。藤原実資《さねすけ》の『小右記』の永延元年（九八七）正月条では、円融寺での修正会について、御堂の前で江州法師《ごうしゅう》（近江の芸能僧）たちが演じる啄木舞《たくぼくまい》を天皇がご覧になったと述べ、舞の合間に音楽や弄玉（お手玉）などが演じられ、褒美を賜ったと記している。そして、夜にまた天皇が御堂にお出ましになると、音楽・呪師・啄木舞・雑芸などがあり、夜が更けてからお帰りになったと述べており、いかに魅力のある芸が次々に披露されたかが知られる。啄木舞は、奈良時代には既にあったもので、棒をくわえたキツツキのように、衣をひるがえしつつ棒をふるって滑稽に舞うものだったと推定されている。二月に行われる悔過を修二会《しゅにえ》と呼び、こちらも修正会と同様の性格を持っている。

絵解き

インド以来の絵解きは、日本にまで伝えられ、四天王寺や法隆寺では平安時代から巨大な聖徳太子伝が描かれた壁画を信者向けに説明することがおこなわれていた。聖徳太子の信奉者だった藤原頼長は、

『台記』康治二年（一一四三）条で、四天王寺の僧のかなり上位の僧が長細い棒を持って太子の伝記の絵を指し、説明していたと記している。

このように、日本では初めは学識のある僧侶が絵解きをしていたようだが、見事な絵解きがなされるようになるにつれて、浄土の絵など、聖徳太子以外の絵についても絵解きがなされるようになり、寺の外でもなされるようになって芸能化が進んでいったようだ。その結果、さほど学問はなくて話芸のみが達者な下層の僧侶や、さらに街頭や家々を回って米や銭を乞う僧形の芸能者までもが絵解きを演じるようになっていった。

浄土の再現

浄土経典では、極楽はあらゆるものが金銀宝石でできており、そうした宝が沙《すな》となっていて清らかな水で満ちた池があり、木の葉は良い香りを放つなど、素晴らしさの極地であって、常に天の音楽が奏でられており、浄土往生を願いつつ亡くなった者を、菩薩や音楽を奏する天人などが迎えに来るとされている。浄土信仰が盛んであった平安時代には、天皇・上皇・有力貴族などはそうした浄土を思わせる壮麗な寺院を建て、蓮華が咲きほこる池を整備し、法会では浄土そのもののような優雅な音楽や歌舞が演じられた。

法会の後では、貴族や僧たちが仏教的な内容の漢詩や和歌を作り、あるいは和漢の名句を朗詠した。こうした遊戯風な文芸活動を正当化する際に用いられたのが、先に見た白居易の「香山寺白氏洛中集記」中の名文句、「願わくは今生世俗の文字の業、狂言綺語の誤りを以て、翻えして当来世々の讃仏乗の因、転法輪の縁と為さん（願うところは、この世で仏教関連以外の俗な文章執筆に携わった悪業、また嘘いつわりや飾った言葉を並べたてた過ちをひるがえし、将来の世における讃仏文学の原因、仏法流布のための縁となりますように）」だ。平安時代の文人や僧侶たちはこの名句を愛唱しており、世俗的な漢詩文や和歌を作る際の根拠として重視していた。

若い貴族などは「経あらそい」と称して、『法華経』の名文句などを朗唱して声や節回しを競うこともおこなわれた。『法華経』のそうした美しい朗唱は次第に芸道化してゆき、後には「読経道《どきょうどう》」と呼ばれ、流派が形成されるに至った。日本の仏教信仰は、こうした美的な要素、そして情緒や遊びと結びついていた。鎌倉期になると、釈尊や聖徳太子を讃える講式と呼ばれる儀礼が盛んとなり、美文が読み上げられ、音楽が演奏された。

迎え講

浄土往生を願いつつ亡くなった者を、阿弥陀仏や諸菩薩など、極楽の聖衆が迎えに来る様子を再現したのが、平安時代半ばから盛んになっていった迎え講だ。迎え講では、僧たちが菩薩・天・八部衆などの面をつけ、往生人の往生を喜ぶ踊りを踊りつつ練り歩いた。踊る菩薩のうち、地蔵などは滑稽に見えるほど大げさに体を揺らしていたようだ。このため、後代になると、地蔵には「酔っている」というイメージが加わるようになった。また、阿弥陀仏についても、後には薄い板で作った阿弥陀仏の中に僧が入り、鈴の音を鳴らしながら歩いていく演出をする寺も出てきた。

この時期には、特定の仏像を生きている存在と見なし供養する「生身《しょうじん》の仏」の信仰も高まった。仏や菩薩が日本語で和歌を詠むことも当然視されており、善光寺如来、清水寺観世音、春日大明神他の神仏が詠んだという和歌が、『玉葉和歌集』（一三一三年）などの勅撰集にも採用されている。つまり、迎え講も含め、この時期の日本では、仏や菩薩が人間くさい存在として扱われるようになっていったのだ。これと対応するのが、植物や動物を擬人化し、人間のように扱う傾向だ。この時期には、命あるものはすべて仏の智恵を有しており、必ず成仏すると説く天台宗や密教の本覚《ほんがく》思想の影響もあって、草木も人間と同様に発心《ほっしん》・修行し成仏すると説く主張が広まっていた。植物や動物を主人公とした仏教色の強い絵巻や芸能が増えていったのはそれが一因だ。

唱導の発展

一般信者向けの経典講義や説法が盛んになるにつれ、その名手が人気となっていったのは、日本も同様だ。たとえば、『今昔物語集』巻十三では、清範《せいはん》律師（九六二〜九九九）について、ある貴族の家での法華八講において龍女成仏の段を講釈した際は、聴衆が感動して涙を流したうえ、その家の亡くなった娘の生まれ変わりのように思われた小さな蛇が木の下で死んでおり、娘が講経の功徳によって往生する様子を父が夢見たと述べ、清範を文殊の化身と賛歎している。

一方、歴史物語の『大鏡《おおかがみ》』は、清範が亡き愛犬のために法事をしたいとする人に頼まれ、法会の講師として招かれた際、同じく説法が巧みな清照法橋《せいしょうほうきょう》が隠れて聞きに行ったとして、こう述べている。

聴聞したところ、「ただいま、この世を去った聖霊《しょうりょう》は、極楽の蓮の台の上でワンとお吠えになったことでしょう」とおっしゃったので、清照法橋は、「思ったとおりだ。他の人ではこんなふうに思いつくことができようか。やはり、このようにおっしゃれるのは、優れた説法師ならではのことだった」と言って、お褒めになられたことでした。……聴聞していた人々も、わいわい笑って帰ってゆきました。蓮台の上でワンと吠えるなどとは、たいそう瓢軽な往生人ですね。

馬や牛など死んだ家畜を弔う際の模範の文章も、敦煌文献の中に複数見られ、犬の場合は「この犬は、忠義であって常に家を守っていた」などとほめる形となっているが、冗談は見られない。

安居院流の確立

唱導を発展させたのは、名手として知られた澄憲《ちょうけん》（一一二六〜一二〇三）だ。澄憲は天台宗で学問に励んで最上位の法印に任じられたが、唱導の人気が高く、叡山から離れて京都の安居院《あぐいん》で活躍し、聴衆の涙をふりしぼらせた。結婚して九男一女を設けたうち息子の聖覚《しょうがく》（一一六七〜一二三五）も比叡山で学んだ後、安居院で唱導の名人と謳われ、安居院流を確立した。もう一つの高名な流派は、寛元年間（一二四三〜一二四七）頃に天台宗三井寺の定円《じょうえん》が創始したとされる三井寺流だ。これらの唱導の名手たちは、泣かせるのも笑わせるのも自由自在であって、布教の面で活躍した結果、こうした唱導は民間にも広まって様々な話芸の源泉となっていった。元亨二年（一三二二）に朝廷に上呈された虎関師錬《こかんしれん》の『元亨釈書《げんこうしゃくしょ》』のうち、巻二十九「音芸志」では、安居院流と三井寺流について紹介し、時代が下るにつれて「詐偽・俳優（滑稽役者）の伎」をなすに至ったと批判している。

延年の盛行

平安から鎌倉時代にかけて、大寺院では、重要な位についた僧への祝い、主要な法会に参列した勅使や公卿などの接待のため、法会の後で宴会を開き、芸能を披露した。この催しを延年という。後になると、学問を積んで法会で講師などの役割を勤めた僧の祝いや慰労のために開催される場合も増えていった。日本仏教では教理の基礎として『倶舎論《くしゃろん》』が学ばれており、年少の僧侶はそのうちの要点となる偈を「倶舎頌《くしゃじゅ》」として暗記し、歌のように朗唱していた。このため、講師を務めて祝われる僧は、烏帽子をかぶって「倶舎舞」を舞った。

時代とともに、延年は寺全体の芸能大会としての性格が強くなっていき、芸能も単なる素人の宴会芸にとどまらない凝った工夫がなされ、また大がかりな飾りものをしつらえて歌舞がなされる風流《ふりゅう》、和漢の故事を芝居仕立てにした連事《れんじ》なども演じられるようになった。そうした芸は、芸達者な僧が勤めたが、「道の僧」あるいは「遊僧《ゆそう》」と呼ばれる専門の者が演じたり、指導したりした。また稚児愛翫の風潮が強かったため、延年では稚児たちの歌舞が演じられて喜ばれた。延年にあたっては、始めに先ほどの法会のパロディの形で、縁語や掛詞を散りばめつつ延年開催の趣旨を述べる滑稽な開口が演じられ、以後も僧たちが次々に登場して関連する洒落を一言述べていく当弁（答弁）が演じられた。延年でのこうした芸能は、民間の芸能に影響を与え、また民間の様々な芸能が延年に取り込まれ洗練されていった。

民間芸能への展開

民間芸能については、外来のものや在来のものがあって様々だ。いずれにしても仏教の影響をこうむっていないものの方が少ない。不遇な学者であった藤原明衡《あきひら》が十一世紀半ばに著した戯文の『新猿楽記』が、市内で演じられていた滑稽な諸芸を列挙した部分は、難解な部分が多いが、推測できる部分だけ言葉をおぎなって訳すと次のようになる。

呪師《ずし》の曲芸、小人の舞い、田楽、あやつり人形遣い、唐の奇術・幻術、玉や刀のジャグリング、糸で鼓を回す芸、多くの玉のジャグリング、独り相撲、独り双六、骨無しのぐにゃぐにゃ、骨有りのゴツゴツ、威張ったりぺこぺこしたりする郡長の腰つかい、足で蝦《えび》を探る舎人《とねり》の足つかい、僧形の寺役人が袴のももだちを取って（女のところから）逃げ出す姿、大年増が扇で顔を隠して恥じてみせるところ、琵琶法師の物語、正月に歌いはやして家々を回る千秋万歳《せんずまんざい》の酒祝い、満腹男の腹鼓、カマキリ舞いの首つき、（金持ちの）高僧による袈裟の布施の催促、高徳の尼のおむつ乞い、……任官舞いをする老楽師の姿、遊女を兼ねた巫女たちの化粧顔、悪ずれした都の若者の駄洒落をまじえたからかい、関東の田舎者の初の京見物など、まして拍子をとってはやす男たちの様子、音頭取りの「大徳（法師）」の様子など、すべて猿楽のおかしな振る舞い、大笑いさせるばかげた言葉ばかりであって、腹をよじらせて笑いこけさせないことがない。

滑稽であるため、散楽が猿楽と表記されるようになっていた時期の記述であり、散楽の内容が多く含まれている。中でも目につくのは、仏教がらみの芸が多く、戒律を守らない僧や尼を笑う芸も見えているうえ、そうした滑稽猥雑な芸をする者たちを統括する頭領のことを「大徳」と呼んでいることだろう。平安中期から流行する田楽についても、神社の祭礼や農耕儀礼と関係深いにもかかわらず、後には田楽《でんがく》法師《ほうし》と呼ばれたのは、僧形の芸人たちが演じていたためだ。比叡山では、田楽の徒たちが曲芸をやっているのを見た良阿《りょうあ》法師が、青蓮院《しょうれんいん》に申し出て下働きをする十三人の力者たちに学ばせたという伝承があるうえ、比叡山のふもとの門前町である坂本は、田楽の本場の一つだった。田楽も仏教との関連の中で発展していったと見られる。

琵琶法師と万歳

右の文中では、滑稽な物語を語るとされている琵琶法師は、法師と呼ばれているものの、僧形の芸人であって、実際の僧侶ではない。先に述べたように、琵琶を弾きつつ『地心経』などを読誦し、占いや祓いなどするほか、滑稽な物語を語ったり歌を歌ったりしていたのだろう。こうした芸風は、九州の盲僧によって昭和の戦後まで受け継がれる。天台の講式の影響を受け、もの悲しく格調高い『平家物語』が生まれると、『平家物語』を語ることを誇った盲人たちが当道座を組織し、それまでの芸風を伝える盲目の琵琶弾き芸人を排除したのは、鎌倉以後のことだ。

家々を回って祝言を述べて舞う二人組の千秋万歳については、これが全国に広まって漫才の起源となったのだが、各地の古い資料による祝いの言葉を見ると、仏教経典の中のめでたい事柄を羅列していることが多い。

踊り念仏から念仏踊りへ

浄土信仰が広まって念仏が定着するにつれ、日本の在来の祭りとも習合するようになった。その一つが、田植えに際しての豊作祈願の祭りと念仏の合体であって、人々が鉦《かね》をならし念仏を唱えながら練り歩く行事が平安時代から広まっていった。末法思想が強まってくると、集団での熱狂的な念仏もなされるようになり、一遍（一二三九〜一二八九）は信徒とともに各地を回り、阿弥陀仏と一体となった歓喜踊《かんぎゆ》躍《やく》の踊り念仏を始めた。これが時衆（後に時宗）として広まる一方で、踊り念仏は念仏踊りとして芸能化した。また各地でその地方の祭りと合体して年中行事となっていき、盂蘭盆の習慣と結びつくことによって死者供養、先祖供養の盆踊りとなった。

能・狂言と仏教

能と狂言は、猿楽が分化して生まれた芸能だ。鎌倉末期になると、滑稽な曲芸の面が強かった田楽が歌舞をともなう芝居として展開し、大人気となった。その影響を受けて猿楽も音楽と芝居の面を発展させていった。その猿楽のうち、大和（奈良）では、外山《とび》座（後の宝生座）、坂戸座（金剛座）、円満井《えんまんい》座（金春座）、結崎《ゆうざき》座（観世座）が大和四座と称されて知られており、多武峯の妙楽寺の神事に奉仕していたほか、藤原氏の氏寺・氏神として一体だった興福寺・春日神社にも奉仕するようになった。

室町時代に入って結崎座の観阿弥《かんあみ》（一三三三～一三八四）、世阿弥《ぜあみ》（一三六三～一四四三）父子が田楽の影響を受けつつ、ものまね芸であった大和の猿楽を音楽面でも芝居の面でも改革した。室町幕府の第三代将軍、足利義満（在位一三六八～一三九四）に保護されてからは、仏教色の濃い幽玄な歌舞劇としての能を生みだしていった。世阿弥は大和で唯一の曹洞宗の寺であった補巌寺を菩提寺として禅を学んでおり、また法相宗の中心であった興福寺に奉仕していたため、唯識説に基づく舞台構成を工夫したうえ、晩年は禅宗の影響が強い演劇論を次々に著している。

猿楽の笑いの面は、狂言に受け継がれて洗練されていった。伝承されてきた狂言を江戸初期に集成して大蔵流を大成した大蔵虎明《おおくらとらあきら》（一五九七～一六六二）の『わらんべ草』巻五では、「玄恵《げんね》法印という方が、狂言綺語のたわむれすら讃仏乗の因縁だということで、あれこれ、きちんとした狂言をつくって世に出された」と述べ、自ら「玄恵法印以前から申楽《さるがく》・狂言はあったが、それは、小舞、語りなどであったようだ。一番（ひとまとまりの芝居）とすることは、これから始まるのだ」と注記しており、比叡山の玄恵（一二六九～一三五〇）が狂言を創作したと主張している。

これはあくまでも伝承だが、狂言は散楽・猿楽の伝統に加え、寺院の延年における笑いの芸の影響を受けており、仏教芸能色が強いことは疑いない。末尾に天正六年（一五七八）の記年があることから天正狂言本と呼ばれている最古の狂言の台本集では、百を超える筋書きのうち、半分以上が仏教関連の内容となっている。田舎のお堂に安置する仏像を買うために都にやって来た者を詐欺師がだまし、自ら仏像に扮して売りつけようとするなど、ものまねの面を残した笑い、言葉遊びによる笑いも多いが、滑稽であるだけでなく、人間の本質に迫った庶民の人間喜劇とも称すべき笑いが生みだされていった。

浄瑠璃

浄瑠璃世界にいる薬師如来の申し子として生まれた浄瑠璃姫と牛若丸の情話を柱とし、薬師如来の霊験譚をまじえた室町後期の語り物が、まとまりを持った段を重ねていく多幕物の『十二段の草子』としてまとめられた。始めは、平曲・謡曲・説経節などの節付けで語られていたようだが、十六世紀後半に琉球から三線が渡来し、これが改良されて三味線となると、盲人の検校《けんぎょう》たちが浄瑠璃姫の芝居の伴奏に用い、さらに放浪する傀儡師《くぐつし》が人形操りで三味線を伴奏として浄瑠璃姫物語を演じるようになった。以後、この形式に基づく様々な筋や節の芝居が浄瑠璃と称して演じられた。

竹本義太夫《たけもとぎだゆう》（一六五一～一七一四）が義太夫節と呼ばれる節付けを工夫し、近松門左衛門《ちかまつもんざえもん》（一六五三～一七二五）が座付作者として次々に優れた作品を書いたため、浄瑠璃（文楽）は大人気の芸能となった。

歌舞伎と寺社

近松は、歌舞伎の台本も書いている。その歌舞伎については、出雲の出身と自ら称したと伝えられるお国という女芸人が、十七世紀初めに、派手で異様な衣装を身につけた当時の乱暴な伊達者が茶屋通いする様子をまねて踊る「かぶき踊り」を創始したと言われている。お国は念仏踊りの要素も取り入れたほか、南都禰宜《ねぎ》衆《しゅう》と呼ばれる系統の狂言の芸人を道化役である猿若《さるわか》として用いており、仏教芸能を含む多様な芸能を貪欲に取り込んでいた。

歌舞伎は江戸初期には、遊女や美少年などの魅力を打ち出し、風紀を乱すとして取り締まられたこともあったが、男性が女性役を演じる野郎歌舞伎《やろうかぶき》が確立すると、江戸時代の芸能の中心として絶大な人気を呼ぶようになっていった。仏教との関係も保たれており、地方の寺が布施集めのために江戸や大坂などの大都市に出開帳にやって来る際は、それに合わせた内容の演目を演じるなど、寺と持ちつ持たれつの関係になっていた。

その代表は、江戸で絶大な人気を誇った初代市川団十郎（一六六〇～一七〇四）だ。荒事と呼ばれる雄壮な演技を得意とした団十郎は、不動明王を柱とした芝居で不動に扮し、以後、成田山との関係を深め、成田山が江戸深川に出開帳に来た時には「成田山分身不動」を演じて大成功をおさめた。団十郎が工夫した「元禄見得」は、寺の仁王の姿を真似るものまね芸に基づくと推測されている。

講談・落語・浪曲

講談・講釈という語は、仏教の経典講義に由来する。ただ、中世になって『保元物語』『平治物語』『平家物語』『源平盛衰記』などの軍記物が次々に登場すると、合戦場面を中心としてこれらを独特の調子で読み上げ、講義する者たちが出てきた。特に南北朝期に『太平記』が編纂されると、「太平記読み」と称されるそうした講者の軍談講義が歓迎されるようになった。徳川家康の前で赤松《あかまつ》法印という僧が『太平記』や『源平盛衰記』をしばしば講義したのが講談の始めと伝えられるが、この僧の伝記は明らかでない。

事跡が明確になるのは、元禄十年（一六九七）頃、赤松青竜軒が江戸の堺町に葭簀《よしず》張りの講席を設け、僧形で原昌元《はらしょうげん》と名乗って『太平記』を読み、名を知られてからだ。また、日蓮宗の談義僧出身の増穂《ますほ》残口《ざんこう》（一六五五〜一七四二）のように、独自の立場で神道の講義をおこなう講釈師も登場した。増穂は夫婦の性愛和合を尊重して儒教や仏教の堅苦しい道徳を批判した。こうした講釈は、儒教や神道の文献についてもおこなわれ、学問としての面と話芸としての面をともに持ち、境目は明確でなかった。平賀源内の戯文「風流志道軒」が描いているように、猥雑な講釈で人気となった深井志道軒も新義真言宗の談義僧出身であり、政治批判の講釈で死罪となった馬場文耕にしても談義僧あがりだった。

落語については、安楽庵策伝が元祖と言われてきた。これは、後水尾天皇が宮中で絵解きをさせたところ、弁舌なめらかで聴衆を感動させたと言われるほどの講説の名手だった策伝が、若い頃から見聞きした笑話を分類整理して『醒酔笑』八巻を著し、後代の落語家たちのために多くの素材を提供したことが一因だ。ただ、策伝は、格式高い京都の誓願寺の住職をつとめ、唱導と浄土曼荼羅《まんだら》の絵解きの名手として知られた高僧だった。寺社の境内で庶民向けに落語を演じた祖としては、日蓮宗の談義僧出身だった京都の露《つゆ》の五郎兵衛《ごろべえ》（一六四三〜一七〇三）をあげるべきだろう。露の五郎兵衛は、後には身分の高い客に対応するためか、再度出家し、一休を意識して露休《ろきゅう》と名乗っており、『軽口露《つゆ》がはなし』『露休はなし』その他の笑話集を数多く著している。落語は、人が集まる寺社の境内などに仮の席をもうけておこなうことが多かったためもあって、滑稽な談義から題材をとったものが多い。

落語が談義に影響

このように、落語は仏教の影響が強かったが、十八世紀初めには、好阿《こうあ》の『当世下手談義《いまようへたなだんぎ》』（一七五一）が皮肉をこめて描いているように、仏教・神道・儒教の談義が花盛りとなり、受け狙いの芸能に近いものも増えていくにつれ、逆に談義の方が、落語や講釈の影響を受けるようになっていった。宝暦四年（一七五四）に刊行された臥竹軒《がちくけん》『下手談義聴聞集』では、こう述べている。

総じて近年の談義僧は、派手を第一として、役者の声色をまねておられるのは、役者違いではないか。最近は、談義も仏書からだんだん軍書に広がってきて、仏教の説法が少なく、婆さまが合戦通のような顔で聞いているのがおかしい。また町道場の辻談義は、ひたすら仏書を講釈するけれども、それは表向けだけのことであり、行灯に「仏書講釈、他に『義経記』『忠臣蔵』」などと書いて看板とし、念仏は間々のあしらいものにしているため、聞く人まで「明日の晩は敵討ちのところだ。蝦夷渡りの場だ。面白かろう」などと言い、仏書には気をとめもしない。

つまり、この頃の談義僧は、経典を講釈する際、歌舞伎の人気役者の声色を用いたりしており、念仏を間にはさむものの軍書の講釈の方が中心になっていたのだ。ここまでくれば、看板は仏教でも実質は寄席に近い。

三　遊びと仏教

言葉遊び

インドでは古くから言葉遊びがおこなわれており、文学作品においてはきわめて高度な技巧に基づく試みもなされていた。また、『カーマスートラ』第三章では、遊女が学んでおくべき六十四種の技芸が列挙されており、その中に様々な言葉遊びと並んでプラヘーリカー（謎かけ）があげられている。こうした技芸は、遊女に限らず、知的で粋な都会人が身につけておくべき教養だった。

最初期の経典である『スッタニパータ』のうち、最も成立が古い層ではシャカ族（サンスクリットではシャーキャ）は「サッカ」と記され、第二層では「サキャ」ないし「サーキャ」と記されるのが通例だ。ところが、最も新しい第三層に属する三四五詩では、「サッカ（シャカ族の人＝釈尊）よ、あまねく見る方よ」となっており、古い語形の「サッカ」が用いられている。これは、続く三四六詩の「われらの間で説いてください。千の眼あるサッカ（シャクラ＝帝釈天）が神々の間で説くように。あまねく見る方よ」という部分と対になっていて、同じ「サッカ」の語がシャカ族の意とシャクラの意で用いられる言葉遊びとなっていると言われる。

大乗経典の洒落

文語である梵語でなく、口語のプラークリットで記されている『法華経』の初期成立部分のうち、苦しみに満ちたこの世を燃える家にたとえた「譬喩品」の火宅の譬喩では、梵語であればヤーナ（乗り物）とニャーナ（智恵）の意味を併せ持つ口語のジャーナが言葉遊びとして用いられている。初期の漢訳経典では、この言葉を「乗」と訳したり「智」や「慧」と訳したりしており、竺法護《じくほうご》訳『正《しょう》法華経』には二つの意味を重ねて「慧乗」と訳している箇所も見える。こうした言葉遊びは、文学的技法とも、口伝で深い意味を伝える方式とも、笑いの要素とも見ることができるが、実際にはその区別は明確でない。

逆説的な表現で名高い『維摩経』も、言葉遊びが用いられていることが指摘されている。たとえば「弟子品《でしぼん》」では、仏弟子の大迦葉《だいかしょう》が豪華な食べ物を布施してくれる富裕な家を避けて貧民街で乞食《こつじき》を行じていたところ、維摩は、貧富を平等に見る立場に立っていないと叱る。そして、「食を乞わないことによって、乞食を行ずべきです」と語り、さらに「ピンダ・グラーハを打破するために、ピンダを求めるべきです」と説いている。これは、「ピンダ」には個体、丸いかたまり、乞食する僧の鉢に供養として入れる丸く握った食べ物などの意味があり、「グラーハ」には「手でつかむこと」や「把握すること、執著すること」などの意味があるため、「ピンダ・グラーハ」は、あらゆる人を平等に扱わず、区別して個々別々のものとみなすという意味と、布施された丸く握られた食べ物をつかむという意味がかけられていることになる。

語源解釈

インドでは、経典解釈にあたっては、言葉の語源解釈が盛んにおこなわれた。阿羅漢という漢訳で知られるアルハンは、価するという意味の動詞の「アルフ」に由来する言葉であって、供養に価する立派な人を意味するアルハットの主格の形だ。だが、後代になると、「アリ（敵）＋ハン（殺す）」という語源解釈がなされ、煩悩という敵を殺した聖者という解釈がなされるようになった。このため、この解釈に基づく漢訳では「殺賊」という訳語も用いられている。

西域出身ではあるものの、西北インドに留学してその地方の教学に通じていた鳩摩羅什の解釈を含むとされる『大智度論』巻二では、アルハンの語について三種の説明をしている。

また阿羅呵《あらは》と名づける。どうして阿羅呵というのか。「阿羅」は「賊」のことで、「呵」は「殺す」ことであるため、「殺賊」と名づけるのだ。……また次に、「阿」は「不」の意、「羅呵」は「生」の意であるため、阿羅呵は「不生」ということになる。仏の心の種子は、輪廻の田の中には生まれない。無明の糠から脱しているためだ。また次に、阿羅呵は「供養をうけるべき」の意味だ。仏は、諸々の煩悩が除かれ、一切智を得ているため、一切の天と地の者たちから供養を受けるにふさわしい。このため、仏を阿羅呵と名づける。（大正二五・七一中）

こうした語源解釈は、口伝という性格のため、密教で盛んになっていくが、一方では、俗流語源解釈による洒落にもなりやすい。

中国仏教の言葉遊び

論義においては、しばしば洒落が用いられた。先に見た『啓顔録』では、石動筩《せきどうよう》について、次のような話を伝えている。

また高祖がある時、四月八日の斎会に講説をおこなわせた。石動筩も参加していた。有名な学僧が高座上で講義をおこなうと、俗人たちがいろいろ論難して決着がつかなかった。石動筩が後から来て、僧に尋ねた。「今日はどのような日なのですか」。僧は答えた。「是仏生日（仏の誕生日じゃ）」。石動筩は即座に言った。「日是仏児（お日様は仏の子どもなんだ）」。僧は別の言い方をした。「今日仏生（今日、仏が生まれたのじゃ）」。動筩がまた重ねて言った。「仏是日児（仏はお日様の子なんですね）」。人々はみな大笑いした。

つまり、動箭は「仏生日（仏の生日＝誕生日）」という言葉の「生」を「〜を生む」という他動詞と見て、「仏、日を生む」という意味だと強引にこじつけ、僧が「今日仏生（今日、仏、生まる）」と言い換えると、「今日仏生（今、日、仏を生む）」という強引な読み方をしてやりこめたのだ。

こうした洒落が盛んに言われるうちに、仏教関連の洒落が笑話集にまで掲載されるようになった。北宋の蘇軾《そしょく》の撰と称しているものの仮託であって、唐・五代の笑話を含んでいる『東坡居士艾子雑説《とうばこじがいしざっせつ》』には、次のような話が見えている。

艾子は酒を飲むのが好きであって、飲まない日はまれだった。弟子たちが相談して言った。「これは諫めて止めることはできまい。ひやっとさせてやめさせるほかない。戒めるのが良いだろう」。ある日、艾子が大いに飲んで吐いた。弟子たちはこっそり豚の腸を抜き出し、吐いたものに混ぜ、これを持って行って艾子に見せて語った。「人というものは、五臓を備えてこそ生きることができます。今、先生は飲み過ぎて内臓を一つ吐きだしてしまい、四つの臓が残っているだけです。どうやって生きていけましょう」。艾子は熟視して笑って言った。「唐三蔵すら、生きておれた。まして、わしは四つあるのだから、言うまでもない」。

唐三蔵とは、三蔵法師と呼ばれていた唐の玄奘を指す。むろん、経・律・論の蔵（集成）を意味する「三蔵」と、三つの内臓の意である「三臓」が同じ発音であることを利用したものだ。インドまで旅し、帰国後は訳経で大活躍した玄奘でさえ三つの内臓で生きておれた以上、五臓のうちの四つが残っている自分はまして大丈夫だと、芟子は強弁したのだ。こうした洒落は、冒頭に「三蔵法師玄奘奉詔訳」と記されていることの多い玄奘の漢訳経論を一般向けに講義する際、僧侶が冗談で言っていたものが芟子の笑話とされたのではなかろうか。

禅宗のユーモア

禅問答には皮肉やユーモアに富んだものが多いことは良く知られている。たとえば、唐代の禅僧、趙州従諗の語録には、次のような問答が見える。

崔長官が尋ねた。「立派な和尚様でもやはり地獄に入るでしょうか」。師は言った。「わしは真っ先に入る」。崔は言った。「大和尚様であるのに、なぜ地獄に入るのでしょう」。師は言った。「わしがもし入らなければ、どうしてあんたに会うことができよう」。

趙州は常に、「他人のことなどどうでもよいではないか。自分自身はどうなのだ」と問いかけており、ここでもそのことに気づかせようとして語っているのだが、形だけ見れば笑話としても楽しめる問答になっている。

こうした問答は革新的な南宗禅《なんしゅうぜん》の独壇場と思われがちだが、実は北宗禅《ほくしゅうぜん》の文献にも、遊び心に富んだ文献がいくつも存在している。たとえば、梁時代の神秘的な僧として知られる宝誌《ほうし》に仮託された『志《し》公薬方《こうやくほう》』や、禅宗以前の伝統的な禅の実践で知られる僧稠《そうちゅう》（四八〇～五六〇）に仮託された『稠禅師薬方』などがそうだ。『禅門諸祖師偈頌』巻二に収録されている『志公薬方』は、修行に必要なものを漢方の処方のように記したもので、次のようになっている。

梁の武帝が志公和尚に尋ねた。「どのように修行したら、永遠に人間の身を失わない（地獄や餓鬼の世界に落ちない）ことが可能でしょう」。志公が答えた。「拙僧に一つの処方があります。五蘊山《ごうんざん》に行って採取したものです。

怒らない心　一揃い　常に歓喜すること　二両
慈悲行　三寸　忍辱の根　四株　智慧性　五升
精進の心　六合　煩悩を除く薬　七粒　良き導き手　八分

これらの薬を、聡明の力を使い、平等の砧の上で細かく砕き、人我の根を除き去り、無礙《むげ》（自由自在）の臼にいれ、金剛の杵で一千回つき、波羅蜜という蜜でもって丸め、毎日、聖なる池の八功徳水を用いてひとつ飲めば、ただちに永遠に人間の身を失わないことができます。

「五蘊山」というのは、擬経の『心王経』で用いられている言葉であり、苦をもたらす五蘊を深山にたとえた語だ。

回文

「真性偈《しんしょうげ》」は、禅宗が重視する「真・性・空・円・浄・理」などの二十の文字を円の形に並べたものだ。達磨がインドに帰る際、慧可のように悟ることのできない劣った者たちを憐れみ、この二十字を残したという。むろん、唐代以後になって文字禅が盛んになってから生まれた伝承であり、実際は当時流行していた文字遊びの一種である回文《かいぶん》を禅宗の立場で試みたものにすぎない。様々な版があるため、この「真性偈」の人気が高く、盛んに書写されたことが知られる。

どれかの字を選び、その字から「理空忘照寂（理空にして照寂を忘る）」のように右回りに五字ずつ読んでいくと、韻を踏んだ五言絶句の詩となる。次に、その字の隣の字から始め、また五字ずつに区切っていくと別な詩となる。こうしていくと、字は二十あるため、二十の詩ができることになり、これを左回りにやっていくとまた二十の詩ができることになる。しかも、円の反対側にあって向かい合う字は同じ韻の字になっているため、巧拙はあるにせよ、韻を踏んだ詩となるよう配置されている。つまり、「真性偈」は工夫をこらした回文なのであって、きわめて知的な文字遊びなのだ。

図６　真性偈

日本の言葉遊び

歌の中で言葉遊びを用いることは、民謡にはよく見られることだが、日本でそれが文字として数多く記録されるのは、奈良時代半ばに編集された『万葉集』からだ。『万葉集』の中で戯笑歌と呼ばれるそうした歌が集中して出てくるのは、巻十六であって、この巻は仏教に関わる歌が多いことで知られている。その一例が、次の歌だ。

香・塔・厠・屎・鮒・奴を詠む歌

香塗れる　塔にな寄りそ　川隈の　屎鮒《くそふな》食《は》める　いたき女奴《めやっこ》　（三八二八）

（香を塗った塔に寄ってはならない。川の曲がり角の則の屎を喰う鮒など喰っている、ひどい女奴よ）

多くの言葉を詠み込んだだけの歌だが、仏教に関わる内容で嘲り笑う歌になっていることが注目されよう。この少し後に出てくる有名な悪口合戦の歌も同様だ。

池田朝臣、人神朝臣奥守を嗤《わら》う歌一首

寺々の　女餓鬼《めがき》申《もう》さく　大神《おおかみ》の　男餓鬼《おがき》給《たば》りて　その子孕《はら》まむ

池田朝臣名忘失也

大神朝臣奥守、嗤に報いる歌一首

仏造る　ま朱《そほ》足らずば　水溜まる　池田の朝臣《あそん》が　鼻の上をほれ

前の歌は、女の餓鬼が仏に対して、自分たちにふさわしい男の餓鬼のような大神朝臣をさずけてくれるよう頼み、その大神の子どもを妊娠しましょうと言っているぞと歌っており、大神が餓鬼のように痩せこけているのを嘲笑している。それに答えた大神の歌では、仏像を作る朱が足りなければ、池田の朝臣の鼻の上を掘れと述べ、池田の鼻が赤いことをあざ笑っている。『万葉集』には他にも、仏教がらみの嘲笑する歌が収録されており、仏教の激しい論義を思わせるものがある。

『古今集』の物名

十世紀初めに編纂された最初の勅撰和歌集である『古今集』は、巻十に植物や動物などの名前を歌の中に詠み込む「物名《もののな》」の歌を収録しており、物名の歌だけで一巻を占めている。しかも、四十七首にも及んでいて、四季の部と恋の部の歌に次ぐ数となっているのは、物名歌が『古今集』編纂当時、いかに重視されていたかを物語るものだ。その物名の部では、実は三分の一ほどの歌が無常や世の憂さなどを詠っており、仏教を背景とした歌となっていることは見逃せない。特に冒頭部分はそうした傾向が強く、十首のうち八首までが仏教に関わる表現を含んでいる。

まず、巻頭を飾るのは、藤原敏行《としゆき》の作だ。

うぐひす　　　　　　　　　　　　　　　　　　　　　　藤原敏行朝臣

心から　花のしづくに　そぼちつつ　憂くひずとのみ　鳥の鳴くらむ

「自分から好きこのんで花の雫に濡れておりながら、つらくも乾かないとばかりこの鳥は鳴いているようだ」と詠っており、「憂《う》く干《ひ》ず」という部分に鳥の「うぐひす（鶯）」を掛けている。春の歌、それも花の雫に濡れて鳴く鶯という風雅な素材であるため、物名の部の先頭に置かれたのだろう。この歌は、筆者が指摘するまでは気づかれなかったようだが、実際には自業自得の歌だ。「心から」や「我が心から」という言い方は、「自業自得」における「自」を和語化したものにほかならない。

和歌にはこうした例が多いのだ。しかし契沖《けいちゅう》のような学僧を除けば、国文学研究は仏教を排撃する国学者が中心となってきた伝統が強いため、今日でも和歌における仏教の影響、とりわけ遊びの面に関する研究は不充分なままとなっている。その一例が、『古今集』物名のうち、法会での洒落た表現と滑稽な和歌を得意としていた真静《しんせい》法師の歌だ。

わらび　　　　　　　　　　　　　　　　　　　　　　真静法師

煙たち　もゆとも見えぬ　草の葉を　誰かわらびと　名づけそめけむ

煙が立ち燃えているとも見えない草を、誰が「わらび（藁火《わらび》、蕨《わらび》）」と名づけるようになったのか、という歌であって蕨と藁火をかけただけであり、『古今集』中で第一の愚作とこれまでは見られてきた。しかし、この歌は、「あの山に火有り。煙有るが故に。かまどの如し」という因明《いんみょう》の三段論法の有名な例を踏まえている。当時の貴族たちはこの程度の知識は常識であったため、こうした仕掛けを楽しむことができたのだ。

様々な言葉遊び

仏教に関わる言葉遊びには、様々な形がある。その一つは折句であって、十二世紀半ばに編纂された『詞花《しいか》和歌集』巻十八の次の歌がその例だ。

なもあみだの五字をかみに置きて旅の心をよめる　　仁上法師

なにとなく　物ぞかなしき　秋風の　身にしむ夜半の　旅の心は

「何となく悲しい思いがする。秋風が身にしみる夜中の旅の心は」というだけの歌だが、詞書にあるように、「な」「も」「あ」「み」「だ」の五字が、五七五七七の句の頭に置かれている。

誰もが知っている経典の文句を利用した言葉遊びもなされた。『醒酔笑』巻三「不文字」では、次のような話を載せている。

こびた顔の亭主が言った。「餅を焼いて食いたい」と。「いくつ焼いてさしあげましょう」と尋ねると、「昔から決まっていることよ。『心経』にも、もちやけ六つ喰おう、とまさに説いている」

『般若心経』の「無智亦無得《むちやくむとく》、以無所得故《いむしょとくこ》（知ることもなく、知られることもない。知られるものがないためだ）」の前半を「餅焼け六つ喰おう」ともじったのだ。

『般若心経』は有名なだけに、これを利用した洒落は多い。『醒酔笑』巻三「文字知り顔」では、狂歌が巧みな般若房という僧侶に対して、知り合いが「この暮の暮らしぶりはどうですか」と尋ねたところ、般若房はこんな歌を詠んだという。

心経の　摩訶《まか》の下なる　般若房　ことし一切　くやくなりけり

『般若心経』の正式な題名は、『摩訶般若波羅蜜多心経』だが、その「摩訶（大なる）」の語の下にある「般若」の語を名前としている私、般若房は、『心経』に「度一切苦厄《どいっさいくやく》（すべての苦しみを救う）」とある通り、今年は「一切くやく（すべて喰う役）」だったのであって、食べているから大丈夫です、と答えたのだ。『心経』の「苦厄」の部分については、読誦の際は、「くーやく」と伸ばして読むのが通例だ。

釈尊は博打も巧み

言葉遊び以外にも仏教と関係の深い遊びは多い。意外なことだが、博打もその一つだ。太子時代の釈尊については、仏伝ではあらゆる技芸に通じていたと強調しがちであって、『仏本行集経』巻十三「捔《かく》術《じゅつ》争婚品《そうこんぼん》」に至っては、弓矢や騎馬などだけでなく、種々の博打についても巧みだったと述べている。

悉達多太子は……あるいは歌舞を試したり、あるいは悪口合戦を試したり、あるいはふざけた話・冗談・からかいを試したり、……博弈《ばくえき》・樗蒱《ちょぼ》、囲碁・双六、壺への枝の投げ入れ、穴の飛び越えなど、種種の技芸を皆なすべて身につけていた。こうした技芸については、何を試しても、あらゆる面で太子が皆な勝った。（大正三・七一一下）

ただ、これは何でもかんでも絶讃する仏伝なればこその大げさな表現であって、戒律においても、菩薩戒においても、こうしたギャンブル・勝負は禁止されている。

中国の博打

禁止されているということは、おこなう者たちがいたということだ。中国の場合、唐代の宗密《しゅうみつ》『円覚経道場修証義』巻第三の「至心懺悔」に見える懺悔文には、懺悔すべきこととして博打があげられている。

（私は）また放逸で好き勝手し、精神を集中させず、樗蒲や囲碁にふけり、多くの者たちで集まってたむろし、酒を飲み肉を食らい、互いに酒をつぎあい、くだらぬ話をして天下国家を論じ、……初・中・後夜に坐禅も読誦もおこなわず、怠けた暮らしぶりであって、一日中寝転んでおります。

こうした懺悔の模範文に「樗蒲や囲碁にふけり」とあるのは、「夜に坐禅も読誦もおこなわず」という箇所から見て、僧尼のことも意識してのものと思われる。出家も在家もやっていたのだ。

韓国とベトナムの博打

韓国で注目されるのは、日本で言えば一休のように自由奔放な禅僧であった金時習（雪岑《せっしん》、一四三五～一四九三）の「万福寺樗蒲記《まんぷくじちょぼき》」だ。金時習の小説集、『金鰲新話《きんごうしんわ》』に含まれるこの話では、主人公となる身寄りのない青年は、万福寺におもむいて本尊の仏像に樗蒲の勝負を申し出ている。しかも、負けた場合は斎をもよおして供養しますので、勝った場合は良き妻を得させてくださいと願い、勝負に勝って幽霊である美少女と親しくなっているのだ。

また、ベトナムの国民文学となっている阮攸《ぐえんずー》『金雲翹《きんうんぎょう》』では、女主人公の王翠翹《おうすいぎょう》は、父を救うために恋人を妹にゆだね、身を売って遊女となり、妾となり、出家し、将軍の妻となり、川に身を投げるも助けられてまた尼となり、恋人と再会するといった波瀾万丈の人生の後、囲碁を楽しみながら尼として清らかな生活を送った、となっている。囲碁は悪いものとはされていないのだ。

囲碁は例外

日本の場合、奈良時代の「僧尼令」第九「作音楽条」では、

僧尼が音楽をたしなみ、また博打をしたならば、百日間の苦使を科す。ただし囲碁・琴はこの限りではない。

となっており、囲碁と琴は例外とされている。僧侶のたしなみとして、これだけは許されていたのだ。当時の日本では、琴と囲碁は一般社会にそれほど広まっていなかったと思われるため、この条項は手本とした唐の「道僧格」の項目をそのまま写した可能性がある。

ただ、囲碁は次第に僧侶の間で定着していっており、永保三年（一〇八三）に吉彦秀武が清原真衡《きよはらのまさひら》に祝い金を持参した際、真衡は奈良法師との囲碁に熱中していて無視したため、秀武が怒って戦いとなり、後三年の役となったと伝えられている。囲碁に巧みで、諸国を回る奈良の僧侶がいたのだろう。

仏教色の濃い流行歌謡である今様《いまよう》を異様なまでに愛好していた後白河法皇が、治承年間（一一八〇年頃）に編纂した『梁塵秘抄《りょうじんひしょう》』巻二の神歌には、

狗尸那城《くしなじょう》のうしろより　十の菩薩ぞ出でたまふ　博打の願ひを満てんとて　一六三とぞ現じたる

とある。一と六と三は足せば十であって強い目であるため、クシナ城の後ろから十人の菩薩が出現したのは、博打うちの願いをかなえようという神意のあらわれだと解釈するのだ。巻二の四句神歌には、「法師博打の様《よう》がる（風変わりで面白いの）は……」とあるため、法師の姿をし、僧名を持っている博打のプロもいたことが分る。

囲碁の流行

仁和寺の守覚法親王《しゅがくほうしんのう》（一一五〇～一二〇二）の『右記《ゆうき》』では、若い時期の僧侶教育について、次のように述べている。

> 何としてもその頃は時間を惜しんで中国古典を学び、出家してからは仏典を学ぶべきだ。……囲碁・双六等の諸の遊芸、鞠や小弓等々は、無暗に好んではならない。ただ全くそのやり方も知らないのは、やはりまた常識に外れる。ただ少しだけたしなむようにし、ひどく熱中してはならない。とりわけ双六については、決してやってはならない。（弘法）大師の御制戒の一つである。

まったく知らないのは非常識だというのだ。実際、囲碁がいかに流行していたかは、十三世紀前半に編纂された『宇治拾遺物語』巻十二の一「達磨、天竺の僧の行ないを見る事」が示している。

これによれば、昔、達磨和尚がインドのある寺で僧たちのおこないを観察したところ、八十か九十歳ほどの老僧がただ二人、碁を打ってばかりいた。若い頃からそれ以外やっていないため、寺の僧たちから軽蔑されていると聞き、達磨が二人にその理由を尋ねようとしたところ、碁を打っている二人の姿が突然消えた。そこで、達磨が「聖人ではないか」と思って改めて二人に尋ねると、次のように答えたという。

「長年、この囲碁以外には何もしておりません。黒の方が勝つ時は、我が煩悩が勝ったと悲しみ、白が勝つ時は、菩提が勝ったと喜びます。打つたびに、煩悩の黒がなくなり、菩提の白が勝つよう願います。この功徳によって悟った身となったのです」と言う。

そこで、達磨は、その僧坊を出て他の僧たちに語ったため、長年、二人を憎みいやしんできた人たちも後悔し、みな二人を尊んだそうだと記されている。これは、明らかに囲碁を正当化するための話だ。

諸宗の学問に通じた禅僧の無住が十三世紀後半に編集した『沙石集《しゃせきしゅう》』では、次のように述べている。

ある入道が囲碁を好み、冬の夜もひたすら打って明かした。中風の気があって手が冷えるため、土器に熱した石を入れて（それで手を温めて）打つ。油が尽きると、荻を焼いて打つ。灰が体にかかると、笠をかぶって朝まで打つと、最近聞いたことだった。坐禅修行をこれほどにする人ならば、悟ることは難しくないだろう。

将棋も盛んだった。それ以外では、双六や四一半《しいちはん》と呼ばれる博打が大流行しており、僧形のプロも活躍していたため、鎌倉幕府は寛元二年（一二四四）に博打禁止の通達を出し、寺の僧たちに「四一半をしません」という誓約書を出させたほどだった。ただ、こうした博打打ちは、十四世紀頃から次第に卑賤視され、下層の芸能民の一種とみなされるようになっていった。

博打打ちあがりの禅僧

日本では博打打ちあがりの禅僧を主人公とする落語まで登場しており、その落語、「蒟蒻問答《こんにゃくもんどう》」は、曹洞宗の僧、托善《たくぜん》（沢善）であった二代目林屋正蔵（～一八三九～）の作と伝えられている。元の話は仏教関連の滑稽な話を柱として貞享年間（一六八四～一六八八）頃に編集刊行された編者不明の談義本であって、先に見た「打禅院本」など明代の笑話の影響を受けていた『当世はなしの本』中の「ばくちうち長老になる事」に見える。それによれば、博打打ちがある寺にいすわり、禅宗めかしたいい加減なことを語って評価されていたところへ、この男に三百文貸したことがある昔の博打仲間がやってきて、禅問答風に「これはいかに」と指を三本示したところ、「これにてはいかに」と指二本を出し、二百文に値切ったという。

寺での「くじ」と博打

皆が金を出し合ったうえで抽選で当たりを決める「くじ」が流行するようになるにつれて、寺の修理などのための大がかりな「富くじ」がおこなわれるようになった。元禄十一年（一六九八）に、破損した唐招提寺などの再建のため、幕府に支援を願うとともに募金のための富くじの許可願いが寺社奉行相手に出されており、以後も、各地で寺院の再建などのための富くじが施行されている。その発売場所も寺院が主だった。享保十五年（一七三〇）に、京都の仁和寺が寺の修理のために富くじの開催を願い出て許可された際は、十年にわたって江戸の護国寺の祭礼で富くじが販売されている。

また、日本人なら誰でも知っているアミダくじも、名前が示すように仏教由来だ。現在は、縦に平行線をいくつも書いてその間に横線を適当に引く形になっているが、「阿弥陀の光」とも言われていたことが示すように、元々は阿弥陀仏の後光のように放射線状に書かれていた。

寺は町奉行が立ち入れない場所であったため、隠れて博打をやることを見逃し、そのあがりの一部を得る寺院もあった。これが博打場での所場代（参加料）を意味する「テラ銭」の語の語源だ。こうした例が示すように、日本では仏教は生活の隅々にまで浸透しており、酒とも芸能とも遊びとも結びついていたのだ。

四　仏法僧を笑う

仏弟子を笑いものにする大乗経典

インドでは、酒の部分で述べたジャヤンタの『アーガマ・ダンバラ』のように、外部の者による仏教批判は多少あるが、仏教内部で仏法僧を笑いものにする例は多くない。強いてあげれば、初期の大乗経典が伝統仏教の僧たちをからかっていた程度ではないだろうか。たとえば、『維摩経』弟子品では、維摩が意外な言説によって仏弟子たちをやりこめているうえ、観衆生品では、天女が天の花を振りまいたところ、菩薩たちの体には貼り付かずに地に落ちたのに対し、身を飾ることを禁じられている仏弟子たちの体には貼り付いてしまい、執著があるからだと批判されている。さらに天女は、悟っているならなぜ男にならないのかと舎利弗に尋ねられると、男女の区別はないと明言したうえ、神通力で自らの女性の身と舎利弗の体を入れ替え、舎利弗を困らせている。こうした経文が読み上げられるのを聞いた大乗信者の民衆たちは、声をあげて喜んだことだろう。

中国仏教に見える仏法僧軽視

中国では、清談《せいだん》の伝統を背景とする『世説新語』の逸話が示すように、機知に富んだやりとりによって、威張っている僧侶などをからかう例は早くから見える。さらに伝統にとらわれない禅宗が登場すると、仏法僧に対する大胆な批判もなされるようになった。たとえば、丹霞天然《たんかてんねん》（七三九〜八二四）については、『宋高僧伝』巻十一に見える逸話で有名だ。

慧林寺にいた際、大変な寒さに見舞われた。そこで木製の仏像を焼いて寒さをふせごうとした。人がこれを非難すると、こう言った。「俺は、荼毘《だび》（火葬）して舎利をとろうとしているんだ」と。

相手は、「木の端切れにどうして舎利があろうか」と言った。そこで、天然は、「もしそうなら、どうして俺を責めるんだ」と答えた。（大正五〇・七七三中）

さらに有名なのは、『臨済録』に見える臨済義玄《りんざいぎげん》（〜八六七）の言葉だろう。

三乗の十二分教は、すべて糞をぬぐう故紙（既に書かれている古紙）にすぎん。仏は仮に現れた幻の身であって、祖師は要するに年取った僧というだけのことだ。

これらは、嘲笑や愛情を持った笑いというよりは、反骨精神に基づく痛罵と呼ぶべきだろう。彼らは、本来の仏教を志向し、形だけの仏教を攻撃したのだ。

嘲笑される僧尼たち

ただ、儒教が盛んになった宋代になると、僧尼を嘲笑するものが多くなる。たとえば、作者不明の笑話集である『笑海叢珠《しょうかいそうしゅ》』には、儒教・仏教・道教に関する笑話が収録されており、「笑師姑（尼さんを笑う）」の話は、次のように説かれている。

昔、一人の役人が尼寺に宿泊した。雌猫がひたすら鳴いているのを聞き、尼に尋ねた。「この猫は何をしているのですか」。尼は言った。「これは春を思っている（さかりがついている）のです」。役人は言った。「尼さんたちは、どうして春を思わないのですか」。尼は答えた。「いつも春を思っています。ただ雌猫のように鳴かないようにしているだけなのです」。

これは、尼も普通の女性と変りないというより、尼は普通の女性以上に好色だという嘲りだ。

国家の締め付けが厳しくなり、仏教の社会的な地位が下落していった明清になると、僧尼の悪行を描く小説類が増えていく。才子として知られる唐寅《とういん》（～一五二三）の編と称するものの、十六世紀後半から十七世紀初頭にかけて増補されていったと思われる『僧尼孽海《そうにげっかい》』は、裁判記録などから淫乱な僧侶と尼の話を集めて編纂したものであって、中国における好色文学の代表の一つとなっている。なお、唐寅については、商売のために蘇州に渡って来た重直彦九郎という日本人に送った直筆の送別の詩が日本に残っている。『僧尼孽海』は中国では失われ、写本と明代の刊本が日本に残った。

他には、余象斗《よぞうと》の『新刻皇明諸司公案伝《しんこくこうみんしょしこうあんでん》』、『新刻海若湯《かいじゃくとう》先生彙集古今律条公案』、『新刻名公彙集神断明鏡公案』などが、裁判記録を基にして、性的な悪行を柱とした僧尼関連の事件を例に取り上げている。これらについては、儒教倫理がきびしくなった社会において、欲望のまま自由に行動できる者たちを、僧尼の淫行批判という形で描いたものと見ることもできよう。

李朝朝鮮とベトナムの仏教嘲笑

韓国でも、僧侶を乞食や下級芸能者などと同様に扱い、都への自由な出入りを禁止するに至った李朝朝鮮では、「功徳を積んだ石塔が崩壊するだろうか（真心をこめてやったことは簡単に壊れない）」などの例外はあるものの、仏教関連の諺は仏教を冷笑するものがほとんどを占めている。中でも、「僧侶を打ち殺して殺人を犯したことになるのか」は、日本で言えば、武士が町人・百姓から無礼な仕打ちを受けた場合、斬り殺しても処罰されないという「切り捨て御免」と同様だ。「世尊《せさん》クッ」と呼ばれる民間の劇では、僧侶がかぶる帽子をかぶって僧侶に扮した女性のムーダン（巫）が、僧侶が村の娘と通じて三人の子を生み、長男は金剛山の仏、次男は太白山の文殊菩薩、三男は洞防ぎ神となるという芝居を演じるのであって、仏教はお笑いのネタになっている。

ベトナムでも、明朝の支配下に置かれて朱子学が普及すると、仏教に対する嘲笑が儒教の主流となった黎朝《れいちょう》の聖宗（一四四二〜一四九七）の作と伝える『聖宗遺草』の「両仏闘説記」では、粘土で作った仏像と木造の仏像の論争を扱っている。聖宗が地方を巡察した際、ある寺に近づくと、争う声が聞こえた。村が洪水になった際のことが話題となり、木仏が泥仏は村を救うことができず、端が水で溶けるだけだったと非難し、泥仏は木仏こそ洪水に流されて浮かんでいただけではないかとやりかえすなど、論争していたとする話だ。

和尚と小僧のやりとりの話は、東アジア全体に流布しているが、ベトナムの民話には次のような話がある。

ある高名な僧が、部屋にかくれて犬の肉を食べていた。それを知って、小僧は聞いた。「和尚さま、部屋で何をめしあがっていらっしゃいますか」高僧は、「豆腐を食べている」と答えた。そのとき、寺の門のあたりで犬のほえる声が聞こえた。高僧は、「門のあたりがうるさいな」「和尚さま、村の豆腐と、寺の豆腐がけんかしているのでございます」

こうした笑話は、中国でも韓国でもベトナムでも、時代が下るにつれて仏教を嘲笑する性格が強まっていく。

仏を笑う日本の例

日本は、これらの諸国と様子が違っている。唱導の名手として聴衆の涙をしぼらせた澄憲は、仏教がらみの冗談を言うこともあった。後代の伝承ではあるが、『依正秘記《えしょうひき》』は次のような逸話を伝えている。

澄憲法印が八九才の時のことだ。ある子供が四十雀《しじゅうから》という鳥を飼っていたが、その鳥が死んでしまったので、その弔いということで、雪仏《ゆきぼとけ》（雪だるま）を作って、まだ幼かった澄憲に「供養してやってください」と頼んだところ、その供養の詞は、「昔の釈尊は三十から成道し、この鳥は四十から成仏いたしました。経では白仏言《びゃくぶつごん》（仏に白《もう》して言《もう》さく）と説いております。この鳥は、きっと極楽へゆき仏」云々であった。栴檀は二葉より芳しとはこのことだ。

釈尊が二十九歳で出家して修行を始め、三十五歳で悟ったとされているため、澄憲は「釈尊は三十歳から（修行して）成道された」と述べ、死んだ鳥については、「四十雀《しじゅうから》の身で成仏した」と駄洒落を言い、経典の決まり言葉である「白仏言」の「白仏」を「白い仏」という意味にとり、白い仏である「雪仏」をこの葬儀の本尊としている以上、この鳥の極楽「往《ゆ》き（往生）」は間違いないと説いたのだ。むろん、後代の伝承ではあるが、このように釈尊・仏を洒落の材料として遊ぶことは、決して不謹慎で避けるべきこととは考えられていなかったことが知られよう。

喧嘩する仏たち

滑稽な作を得意とした戦国時代の連歌師、山崎宗鑑《やまさきそうかん》（一四六五〜一五五三？）撰とされる『新撰犬筑波《いぬつくば》集《しゅう》』には、

仏も喧嘩　するとこそ聞け
釈迦はやり　弥陀は利剣を　抜きつれて

という付合が見える。前句は「仏も所詮は我々凡夫と同じであって、喧嘩すると聞いている」と、意外なことを述べており、付句に至っては、釈迦は槍を手にし、弥陀は利剣を抜いて戦い合うとされている。これは、迦才『浄土論』の「或いは釈迦の遺送するを願い、或いは弥陀の来迎するを願う（あるいは釈

迦が極楽へ遣ってくれるよう願い、あるいは阿弥陀仏が死者を迎えにやって来てくれることを願う)」、また善導『観無量寿経疏』の「仰いで釈迦の発遣して西方を指向せしむるを蒙り、又た弥陀の悲心もて招喚するを藉《か》る(有り難くも釈迦が送り出して西方浄土に向かわせてくださり、また阿弥陀仏が慈悲心で招いてくださることによる)」に基づく冗談だ。

釈迦については願生者を極楽まで「遣《や》り」、弥陀には「迎え」てくれるよう願うという中国浄土教の祖師たちの文句を踏まえ、「釈迦は槍」ととりなしたのだ。弥陀を「利剣」とすることは、唐の善導《ぜんどう》『般舟讃《はんじゅさん》』に「(煩悩を斬る智恵の)利剣は即ち是れ弥陀の号、一声称念せば罪皆な除かる」とあり、「南無阿弥陀仏」とひと声唱えれば罪障がすべて除かれるのだから「弥陀の名号は罪障を切り払う利剣」だとしていることに基づくが、ここでは実質的な意味はない。「釈迦は槍」としたため、対になる弥陀の武器として、弥陀と言えばすぐ思い浮かぶ「利剣」を持ってきたにすぎない。つまり、言葉遊びの材料に浄土教の名文句が用いられているだけなのだ。ただ、宗鑑は出家であって、一休とも親しくしていた。堕落した寺や僧尼を批判することはあっても、仏教そのものを攻撃していたのではない。

釈迦と阿弥陀仏に触れた冗談

これまでしばしば触れてきた策伝も、仏をからかうような話を伝えている。『醒酔笑』の巻一「落書」では、次のように述べている。誓願寺が焼き討ちされた際、本尊の阿弥陀像は持ち出したが、置くところがない。北にある戒光寺は焼けなかったため、その釈迦堂を壊して仮屋を作り、阿弥陀像を安置した。

その話を聞いた山科言継《やましなときつぐ》卿は、以下のような狂歌を詠んだという。

釈迦むりに　弥陀に御堂《みどう》を　とられけり　阿難むざうや　何とかせうと

釈迦牟尼《しゃかむに》と「釈迦むり（無理）」を掛け、「阿難」と「あな（ああ）」を掛け、「むざうや（無慙や＝むごいことだ）」と同情したうえで、「何とかせう（何とかしよう）」と迦葉《かしょう》を掛けている。釈迦牟尼が無理やり弥陀に御堂を取られてしまったので、「ああ、むごいことだ」と嘆き、仏弟子仲間の迦葉ではないが、「何とかしよう」というのだ。

仏には毛が有るか

『醒酔笑』には他にもこうした例が多い。たとえば、巻七「謡」では、当時最も好まれていた謡曲の「熊野《ゆや》」の文句を利用した笑話が見える。

「仏には毛は有るか、無いか」。「いや、無い。無礙光仏《むげこうぶつ》とお経にある」。「いや、有る。化仏《けぶつ》の菩薩と言っている」。「有るのでもなく、無いのでもない」。「それはどういうことだ」。「『熊野』の謡の文句に、『末世一代けうす（教主）の如来』とあるためだ」。

「無礙光仏」とは、『無量寿経』等に無量寿仏の異名として見えるもので「無毛《むげ》」のもじりだ。「化仏の菩薩」とは、『観無量寿経』が、阿弥陀仏の功徳を聞く人は、地獄の猛火も涼しい風となり、天の華の上にそれぞれ変化身の仏と菩薩がおり、この人を迎えてくれ、一瞬のうちに、「七宝で満ちた宝の池の蓮花の中に往生する」と説かれている部分を踏まえている。その仮に姿を顕した変化身の仏を意味する「化仏」を「毛の生えた仏」の意味にとったのだ。最後では、「熊野」に「けうす（教主）の如来」とあるのを利用し、「毛薄の如来」だから毛が有るとも無いとも言えないとして落ちをつけている。

小便をかけられる高僧

仏が言葉遊びの対象とされるだけでなく、立派な高僧も駄洒落のネタにされている。『醒酔笑』巻八「かすり」では、こうある。

大善知識を見て（ある人が言った）、「なんと小便所ではないか。どれほどの人がしとしたろう」。

「しとした」は、「師とした」と「しと（小便）した」を掛けたものだ。

僧侶への嘲笑を越えた観察

仏や高僧すらからかわれる以上、駄目な僧侶が笑われるのは当然だろう。十四世紀半ば頃に吉田兼好がまとめた『徒然草』百八十八段では、そうした僧について述べている。

ある者が子どもを僧侶にし、「学問して因果の道理を理解し、説教などをして生活の糧にもしなさい」と言ったので、説教師になることとし、まず馬に乗ることを習った。法会の導師として招かれ、馬などを迎えによこした場合、落馬するのが心配だと思ったのだ。次に、仏事の後、お酒などを勧められた場合、まったく芸が無いのもつまらないと思われるにちがいないため、当時流行っていた早歌《そうか》を習った。こうして乗馬と早歌とに熟達したものの、もっと上手くなりたいと思って稽古を重ねるうちに、説教を習う時間がないまま、年を取ってしまった。

これは愚かな僧侶を笑ったものだが、「人間というものは、こうした誤りをしがちだ」という人間観察となっており、単なる嘲笑とはなっていない。

宗派を利用した笑い

宗派の特徴を利用した面白さを狙った作品も多い。能の「放下僧《ほうかぞう》」もその一つだ。下野《しもつけ》国の牧野左衛門の子である小次郎は、父が相模国の利根信俊《とねのぶとし》と口論の末、討ち果たされたことを無念に思い、出家している兄を訪ねて仇討ちすべきことを説く。敵を油断させるため、小次郎は当時人気だった放下（遊芸人）に扮し、兄は放下僧（禅僧の姿をした遊芸人）に扮して旅に出、瀬戸の三島神社に参詣に来ていた信俊と出くわす。信俊が旅の慰みに二人の放下を呼び寄せると、二人は信俊が禅宗好きであることを利用し、禅問答をして興味を持たせる。そして、弓矢を持っているのは「定慧不二《じょうえふに》（禅定と智慧が別のものでない）」の真理を示すなどと禅宗の立場で説明し、刀を振り下ろして「切って三断とする」と述べたうえで、「（煩悩を）切って三段とする」という意味だとこじつけ、曲舞《くせまい》・羯鼓《かっこ》・小歌など様々な芸をやり、信俊が油断したところで斬りかかって仇討ちを成就するという筋立てだ。有名な禅の言葉が多数引用されており、聴衆がそれらを理解していたことが知られる。

狂言における宗派利用の代表は「宗論《しゅうろん》」だ。身延山へ参詣した法華僧と善光寺へ参詣した浄土僧が道連れになり、互いに自分の宗派がいかに尊いかを競いあい、宿に泊まっても珍妙な宗学論争をくりひろげる。片方が「南無妙法蓮華経」、片方が「南無阿弥陀仏」を唱えているうちに、誤って相手の名号・称名を唱えてしまい、結局はどちらも仏の教えであることに気づいて和解する、という内容だ。他にも宗派争いをからかった笑話は多い。

俳諧集『狂句布引滝本《きょうくぬのびきたきぼん》』の「真しうは六字で耶蘇は十字なり」という句は、真宗は「南無阿弥陀仏」の六字であるのに対し、キリスト教は「十字（架）」だと述べ、キリスト教まで笑いの材料としている。

擬人合戦物

南北朝から室町時代にかけて流行したのが、軍記物語のパロディとして登場し、擬人化された動物や植物たちが争う合戦ものだ。これらは、都で和歌の集いをしている十二支の動物たちに田舎の狸が挑戦

図7　仏鬼軍

して争う『十二類絵巻』では、戦いに敗れた狸が出家して南無阿弥陀仏ならぬ狸阿弥陀仏《まみあみだぶつ》と称し、罪深い自らの心こそが清らかな本覚の都だったと悟っていることが示すように、本覚思想や密教などの仏教色が強いのが特徴だ。そうした物語が流行した結果、仏や菩薩や地獄の鬼などを擬人化して描く滑稽な合戦物も登場するようになった。

たとえば、文も絵も一休の作と伝えられてきたものの、実際は真言宗系統の作であって二十五菩薩来迎図などの影響もある『仏鬼軍《ふっきぐん》』は、地獄を浄土に変えたいと願う阿弥陀如来に相談された大日如来が総指揮官、阿弥陀如来や釈迦仏を将軍となり、観音左衛門や勢至太郎など一騎当千の強者の菩薩たちが地獄の軍勢と戦い、地獄を浄土に変えるという筋立てだ。地獄の矢に目をかすられたせいで不動の目は斜めになった、といった冗談を多く交えている。末尾では、この物語は卑俗な表現を用いているものの仏教の真理にかなっているため、決してそしってはならないと、もっともらしいことが述べられているが、実際には軍記物語のパロディであって、仏菩薩を登場人物とした冗談文学だ。絵では、観音は馬に乗って戦う姿で描かれるなど、軍記物語の絵巻を利用している。

仏菩薩や閻魔・鬼の世俗化

江戸初期以降の作とされる『強盗鬼神《ごうときじん》』となると、仏菩薩の描き方がいっそう世俗化する。以下のような内容だ。

仏教が広まって成仏する人が増え、地獄に来る者が減ったため、地獄は飢饉となり、鬼たちは食べ物もなく、妻子を養うこともできなくなった。鬼たちは、地獄の釜のふたや斧などを地獄の都で売ってしまい、六道の辻で乞食をするにまで至った。地蔵菩薩が通りかかると、酒代を乞い、地蔵の錫杖や衣や数珠まではぎ取ってしまう。この頃、いつも往生を願っていた信者が臨終正念して亡くなったが、来迎すべき阿弥陀如来は、観音菩薩・勢至菩薩や他の仏たちとともに花見に出かけていて留守だったため、亡者は道に迷い、鬼に荷を取られて切られてしまう。花見から帰ってきて、倒れているその信者に気づいた阿弥陀如来は、その者を極楽に迎え取り、極楽の一門に地獄の悪党をたいらげよと命令したため、極楽と地獄の合戦が始まる。

明らかなように、仏も菩薩も地獄の鬼も、ごく普通の人間のような扱いをされており、あちこちで笑われるような行動をしている。

仏教関連の戯画

日本の本格的な絵画は仏教とともに始まった。『日本書紀』では、推古天皇十二年（六〇四）秋九月に初めて黄書画師《きふみのえし》と山背画師《やましろのえし》を置いたと記されている。この画師の組織が当時建設中だった斑鳩《いかるが》の法隆寺（若草伽藍《わかくさがらん》）などの寺と関係があることは明らかだ。若草伽藍が落雷で焼け落ちた後、再建された現在の法隆寺金堂の天井板の裏側には、様々な落書きがされており、西域風な風貌の人の絵や、謎のような言葉、さらには男根の絵までが見つかっている。

こうした落書き以外にも、日本には仏教関連の楽しい戯画が多い。その代表は、蛙が偉そうに仏像のポーズをとっていたり、猿が導師となって葬儀をしたり、強欲そうな顔でもらった布施を眺めたりしている様子などを描いている「鳥獣戯画《ちょうじゅうぎが》」だろう。日本における漫画の元祖であって、鳥羽僧正覚猷《かくゆう》（一〇五三～一一四〇）が描いたという伝承がある「鳥獣戯画」については、実際の作者は不明であり、複数の画師によって増補されていったことが明らかになっているが、鳥羽僧正が戯画とも受け取れる画で有名であったことは事実だ。

『渓嵐拾葉集《けいらんじゅうようしゅう》』の古写本では、文保二年（一三一八）八月十日に、天台僧の光宗《こうしゅう》が比叡山の黒谷において師匠から聞いたとして、おおよそ以下のように述べている。

鳥羽僧正は天下無双の学問ある真言師であって画師であり、不動尊の化身にほかならない。僧正は、「異形《いぎょう》の不動」を百あまりも描かれたのであって、不動が制多伽《せいたか》童子と同衾《どうきん》されている様子、僧の便所に入られて下痢したところ、容貌が世間の人のようであって、二人の童子が臭がって鼻をふさいでいる様子、僧の便所に入られて剣で尻をお拭きになっている様子などを描かれた。これには通常の仏教である顕教《けんぎょう》と奥深い密教が一致することを示す秘伝があり、『法華経』が、長年、糞を除く仕事をさせたと説いているのと同じことだ。空観によって染と浄との対立にこだわる見解を除くのであって、これが秘儀だ。

つまり、長者が諸国を放浪して困窮している息子に再会した際、息子を怖がらせないために汚い服装に着替えて近づき、糞を掃除する仕事を長年ともにして親しくなった後、少しずつ教育していき、最後に自分の息子であることを明かして膨大な財産すべてを譲ったように、釈尊は様々な方便で人々を成熟させた後に一乗の法を説くとしている『法華経』信解品《しんげぼん》の長者窮子《ちょうじゃぐうじ》の譬喩と同じようなものだと解釈するのだ。

奥深い意図をこめて描いたかどうかはともかく、密教僧の間では、儀礼に用いる尊像の荘厳法や指を複雑に組み合わせた印相を説明するために、墨による簡素な線だけで描く白描《はくびょう》と称される画を描くことがおこなわれており、その名手は専門の画師に劣らぬ伎倆を持っていた。鳥羽僧正はその代表の一人であり、後代になると、様々な絵や絵巻について鳥羽僧正の作とする伝承が生まれている。

滑稽な白描の代表は、鳥羽僧正が亡くなった頃に生まれ、様々な仏教関連の図像を収集し、自らも模写していた密教僧の玄証《げんしょう》が所蔵していた「白描阿弥陀鉤召図《あみだこうちょうず》」だ。この図は、極楽往生を願う者を強

図８　阿弥陀鉤召図

引に浄土に引き寄せる密教の鉤召法を、見事な筆致で描いている。阿弥陀如来が立ち上がって投げ縄を座っている老僧の首に投げかけ、微笑みながら引き寄せると、老僧は、「いや、浄土は往きたいのですが、あと三年ほど後にお招きください」ということなのか、嬉しいような困ったような顔で、必死に足をふんばって抵抗しているため、観音菩薩が蓮の茎を杖のようにして老僧の背中を「さあ、行け」と押しており、その様子を勢至菩薩が指さして笑っている図だ。信仰と遊び心、そして画の技巧が見事に結びついた傑作と言えよう。

戯画の展開

楽しい絵で描かれるのは、人間扱いされた仏や菩薩だけではない。古い道具類が妖怪となって暴れ、後に人間のように出家するという話を描いたのが『付喪神《つくもがみ》絵巻』だ。鳥羽僧正作とする岐阜の崇福寺蔵本の内題には「非情《ひじょう》成仏絵《じょうぶつえ》」とあるように、草木成仏説を道具にまで適用したものだ。

捨てられた古い道具たちが人間に復讐するために、妖怪となって暴れるが、天皇が命じた法師によって調伏され、発心して修行したところ、彼らは「生得の大器（うまれつき器が大きい存在）」なので、密教の秘伝を残りなく体得したという。他宗では「草木成仏」というだけだが、我が真言宗で「草木非情発心修行成仏」と称しており、道具のような命無きものも成仏するのだから、真言宗の教義がいかに尊いか分かるだろう、と論じており、宗派自慢のように見えるが、実際にはそうした形式をとった娯楽作品だ。

　宗派自慢の反対が、一休に仮託されている画賛の話だ。『一休咄《いっきゅうばなし》』巻一によれば、法華宗と浄土宗・真宗が激しく対立する中で、一休は頼まれると区別することなく、法然・親鸞・日蓮の肖像画にそれぞれ誉めたたえた賛を書き加えたという。そこで、浄土宗西山派の永観堂の住職が、下半身が金色に輝く唐の善導大師の姿を法然が夢見たことに基づくそうした善導の絵に賛を付してくれるよう一休に頼んだところ、すぐ書いてくれたため、人々を集めたとしている。

さて、その画像を室内に掛け、拝見させていただくと、誠に大きな字で歌一首がしたためられていた。その歌は、

　黒からん　衣のすその　黄になるは　善導大師は　はこをたるらん

とお詠みになっていたため、人々はみなどっと笑い、興ざめする人もいる一方で、感に堪えない人もいたが、今の世まで伝えて、天下の一幅の名高い宝物となったことだったとか。

黒いはずの僧衣の裾が黄金色になっているのは、善導大師が「はこ（糞）」をたれたためだろうと詠んだのだ。これは、『新撰犬筑波集』所収の山崎宗鑑の付け句、

かすみのころも　裾はぬれけり
佐保姫《さほひめ》の　春立ちながら　しとをして

に基づき、一休話に仕立てたものだろう。宗鑑の句では、春の霞の湖や川の上にまでかかっていて、衣のような霞の裾が濡れているという前句に、春の女神である佐保姫が立ったまま「しと（小便）をし」たからこそ、衣の裾が濡れてしまったことだったという句をつけたのを利用したものと思われる。この話で重要なのは、浄土宗の人たちでも、興ざめする人ばかりでなく、喜んだり感心したりした人がいたと書かれていることだ。ここでは、一休は善導を尊敬しつつ冗談を言い、権威主義を皮肉ったと受けとめられたためか、不謹慎すぎるとして問題になってはいない。

変わり涅槃図

江戸時代には、釈尊以外の人物を中心に描いた様々な形の涅槃図が作成された。そのうちの傑作は、青物問屋から画家に転じた伊藤若冲《じゃくちゅう》（一七一六〜一八〇〇）が晩年に描いた「果蔬《かそ》涅槃図」だろう。涅槃図の形式に準じて、中央に亡くなった釈尊のように大根が横たわり、回りを八十八種の野菜が囲んで

いる絵だ。寺に奉納されており、母の死を悼んで描いたとする解釈もあることが示すように、静謐な雰囲気に満ちており、単なる戯画ではない。

江戸後期に人気となったのは、涅槃図になぞらえて版画で刊行された人気のある歌舞伎役者の「死《し》絵《に》」だ。たとえば、八代目市川団十郎（一八二三～一八五四）の死絵は、黄色い衣で右脇して横たわり、悲しむ女たちが取り囲んですがりついている。三十二歳の若さで亡くなり、衝撃が大きかったためか、いろいろな種類の死絵が出版されている。他にも八代目の大きな絵の掛け軸の前で女たちが悲しんで泣いている図や、亡くなった八代目が浄土に向かおうとする場面が描いた死絵などもある。

仏伝図のパロディ

釈尊の涅槃図と並ぶのは誕生の場面を含む仏伝の絵だが、こちらもパロディの例がある。山東京伝《さんとうきょうでん》（一七六一～一八一六）作・北尾重政《きたおしげまさ》（一七三九～一八二〇）画の『作者胎内十月図』（一八〇四年）だ。黄《き》表紙本《びょうしぼん》の作者である京伝が自らを主人公とし、作者の腹の中で著作の構想が胎児のように十ケ月かけて育ち、仏菩薩が応援して出産に至る様子を戯画と戯文で描いたものだ。こうした胎内図は、道教医学のもの、密教のもの、両者が習合したものがあり、流行していた。

京伝のこの作の、ふた月目の場面では、守り本尊の「作無理《さくむり》如来（著作が無理な如来。釈迦牟尼如来のモジリ）」が良い案を授けるために訪れるが、この時期は構想がまとまらず、茶ばかりがぶがぶ飲むので、如来の顔は茶を入れる急須となっている。五ケ月目になると、知恵をつかさどる「文字《もんじ》菩薩（文殊菩薩のもじり）」が作者を守るために現れ、八ケ月目には、勧善懲悪や恩返しの話のあらすじを授けるために「勧善恩《かんぜんおん》菩薩（観世音《かんぜおん》菩薩のもじり）」が現れる。十ケ月目には、「一寸先《いっすんさき》は闇陀《やみだ》如来（阿弥陀如来のもじり）」に守ってもらうものの、それでも良い案が生まれないため、頓知のきいた医者に「教訓　三匁。意見にておろし、粉末にする。面の皮　千枚。厚く剥いて使う。こじつけ　五分」などの妙薬を調合してもらい、何とか黄表紙本を産み落とす、となっている。こうしたあやしげな処方は、中国禅宗以来の伝統による。ここまでくると、仏教を批判していないだけであって、信仰とは言いがたい。

達磨図の遊び

仏教絵画のうち、近世になって最も多く描かれたのは達磨の図だろう。禅宗は遊び心があるため、達磨図についても、ユーモアを交えた図が描かれている。その一つは、浮世絵の「見返り美人」の構図で曽我蕭白《そがしょうはく》（一七三〇～一七八一）が大胆な筆致で描いた達磨図だろう。落款《らっかん》に「酔って画す」とあるため、酒宴などで興に乗ってふざけて描いたことが知られる。他にも、達磨を遊女になぞらえて描くことが流行したようで、この種の類の絵は多い。

その代表は、浮世絵師である竹田春信《たけだはるのぶ》（～一七〇四～）が描いた「達磨遊女異装図《だるまゆうじょいそうず》」（心遠館蔵）だろう。この絵では、背の高い遊女が達磨の衣を着て菩薩のように立ち、その横で、三頭半程度の極度に頭が大きくてとぼけた顔つきをした達磨が、帯を前結びにした花魁《おいらん》のような格好をしてしゃなりしゃなりと歩いている。禅宗の伝統では、衣は法を伝えた証拠であって、達磨から慧可《えか》へと授けられ、それが六祖慧《え》能《のう》にまで伝わったとしている。その大事な衣を遊女が身につけ、達磨が花魁《おいらん》の衣を着ているのだ。

これは、先述した『維摩経』「観衆生品」において、天女が自分の体と舎利弗の体を入れ替えて困らせた箇所を踏まえていよう。男と女、尊い祖師と賤しい遊女、といった対立を笑い飛ばしているのだ。

この絵と似たような図柄の絵が、奥村政信（一六八六～一七六四）によって描かれた「達磨遊女異装道行《みちゆき》図」だ。同じ政信の「遊君　達磨一曲」では、達磨が遊女と衣を取り替え、三味線を弾いている。別の趣向の達磨と遊女の図としては、鈴木春信《すずきはるのぶ》（一七二五?～一七七〇）が描く達磨が遊女を抱えこんでいる図、達磨が美女と相合い傘で歩いている図、美女がこぐ小舟に乗っている達磨が水面に映る自らの顔を見ながら髭を抜いている図、不立文字の禅宗であるはずながら、美女が読む手紙が気になって掛け軸から身を乗り出している達磨、など様々な達磨図が現存している。

禅僧の小便争いの図

達磨図については、ユーモアあふれる白隠《はくいん》（一六八六～一七六九）の絵が有名だが、白隠同様、禅僧の描いた絵であって、しかも禅僧を描いた絵で遊び心に富んだ絵がある。独特な画風で知られる臨済僧の仙厓《せんがい》（一七五〇～一八三七）の「ゆばり合戦図」だ。晩年の作とされるこの絵では、仙厓自身とおぼしき黒い僧衣を着た小柄な僧と大柄な男が左右に向かい合い、小便を飛ばす競争をしている。右側の仙厓の小便は普通に斜め下に飛んでいるのに対し、相手は大きな男根を手で支えて空中に小便を勢い良く放っており、仙厓の顔にかかりそうなほど飛んでいる。仙厓の側には「仙厓まけた、仙厓まけた」、相手の

図９『聖遊廓』の悉曇の書き置き

方には「龍門の瀧見ろ、龍門の瀧見ろ」と記されている。この「龍門」は、登竜門という語の由来となった黄河上流の山西省の瀧を指していよう。左側の人物については、龍門と号し、承天寺に山門を建立しようとして仙厓に相談したところ、「龍門が一文なしで山門を建てるなどとはもうセンガイがよい」と駄洒落の和歌で戒められた円舒《えんじょ》（一七七三～一八二八）と見る説は誤っているようだ。この禅画が意図するところは不明だが、仙崖らしいとぼけた作風になっている。

吉原に通う聖人たち

上述したように、遊女とからみ、吉原通いをする達磨が描かれて人気になる以上、達磨以外の仏祖についても、同様の取り上げ方がなされるのは当然だろう。その代表が、宝暦七年（一七五七）に刊行された作者不明の『聖遊廓《ひじりのゆうかく》』だ。中国の艶史小説に

図 10　『三教色』　孔子・天照皇大神宮・釈迦が吉原で楽しむ図

刺激されて始まり、生き生きした会話を生かした洒落本が発展していく時期の作であり、中国の古典と漢詩文、仏典、江戸庶民が好む下世話な事柄を組み合わせ、思いも掛けない設定の文芸作品が生まれたのだ。

『聖遊廓』は、李白が亭主をしている遊女屋にきまじめな孔子がやって来ると、次は老子が洒落た身なりで裏口から入って来て、荘子が来るはずだが遅いと言う。さらに釈迦が加わり、阿難・文殊・目連・賓頭盧《びんずる》たちも踊り騒ぎながらやって来る。釈迦はお気に入りの「かりの世」という遊女を連れて、駆け落ちをする。しかも、書き置きが残されており、詫びの文に添えて、男女の辞世が記されていたとして、塔婆《とうば》に書くような悉曇《しったん》文字で「かきおき」と記されたその手紙も収録されている。

孔子はあわてて文殊に「良い智恵はないか」と尋ねる始末だ。遊女は「天上天下《てんじょうてんげ》唯《ゆい》我《が》独尊《どくそん》」の語をひねり、釈迦のことを「天上天下唯一人、おまえならで（あなたでなければ）」と思い詰めたとするなど、仏教の有名な言葉をもじって遊んでいる。

序の末尾に宝暦七年（一七五七）に大阪で刊行されたとあるが、実際の年かどうかは分からない。以後も鈴木春信の絵が入った版を始め、いろいろ版が売り出されており、人気が高かったことが知られる。

それも、略式ではあるものの開板願いを出して許可されているのだ。これに続いて、天明三年（一七八三）には、儒教・仏教・道教の三教の優劣を論じた空海の『三教指帰《さんごうしいき》』のパロディとして、唐来参和《とうらいさんな》が『三教色《さんきょうしき》』を著している。挿絵は、歌麿の作だ。本書では、神道の天照大神・孔子・釈迦の「三聖」が吉原に出かけ、それぞれ女郎を相手に遊ぶ話が冗談を交えて書かれている。

とんだ霊宝

仏・菩薩・祖師などについてこうした絵や作品が作られた江戸時代には、開帳のパロディとなるふざけた見世物も人気だった。十八世紀後半以後は、地方の寺院の秘仏とされる仏像や霊宝などが大阪や江戸や名古屋などの大都市で展示される出開帳が盛んに行われたため、その近所でそれをからかう催しがなされたのだ。そうした見世物は、「とんだ霊宝」、後には「おどけ開帳」などと称され、様々な材料で作られた珍妙な仏像その他が展示され、由来についても滑稽な説明がなされた。

先述した安永六年（一七七七）に両国広小路で行われた「とんだ霊宝」では、体がトビウオ、頭はくしがい、後光は干鱈、台座は吸い物椀でできた三尊仏や、髪はサザエ、頭は鮭の頭、手足は鮭の塩引き、袈裟はこんぶ、剣は刺身包丁、火炎は鎌倉海老で出来ている不動明王などが大げさに展示された。

こうした見世物では、仏像だけでなく、仏教関連の伝説的な人物も形づくられて出展された。狂歌・狂文ブームの立役者となった大田蜀山人《しょくさんじん》が中心となり、塙保己一《はなわほきいち》など十名が、安永三年（一七七四）に江戸牛込の光恵寺の書院を借りて行った会では、蜀山人は自らが所蔵する「玩世音紺紙金泥御詠歌《がんせおんこんしこんでいぎょえいか》」

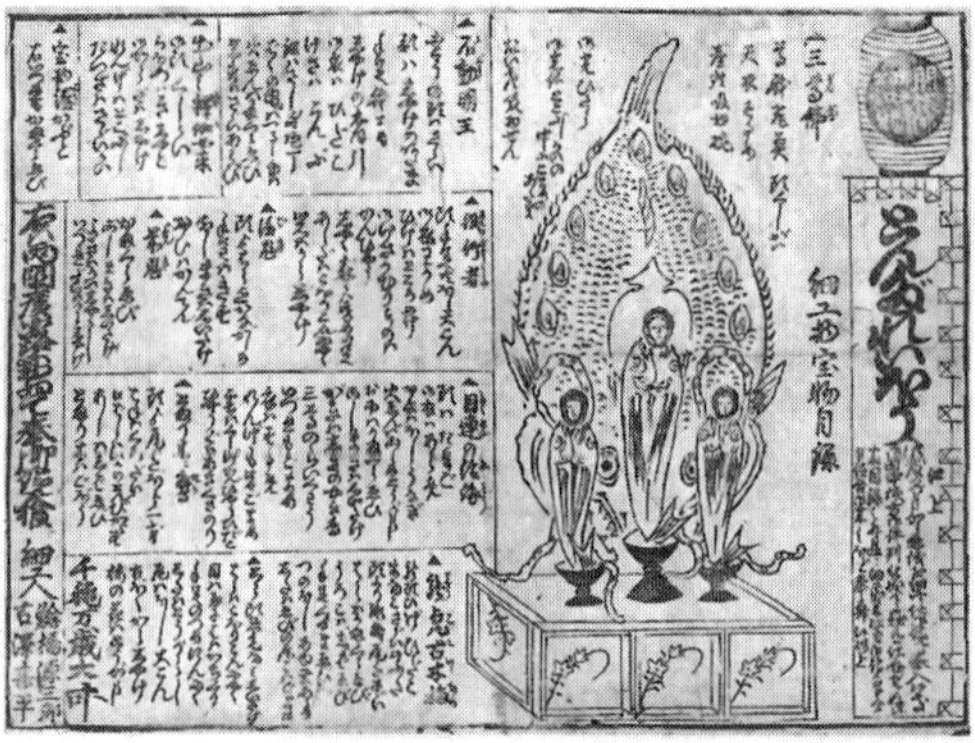
図11　とんだ霊宝

と称して、

ただ投げろ　しめじが原の　さしの銭　わが開帳の　あらんかぎりは

と金字で書き付けた浅草海苔を立派な箱におさめて持ち込んだという。「新古今集」巻第二十「釈教歌」に清水寺の観音の作として収められている歌、「なお頼め　しめぢが原の　させも草　わが世の中に　あらむ限りは」は、「しめじが原のさせも草（さしも草＝よもぎ）が灸に用いられて人々の病気を治すように、自分が世の中にある限りは人々の願いに応えて苦しみを救うため、頼みにし続けるがよい」と詠っている。江戸時代になると、他の寺でも観音がこれに似た歌を詠んだとする伝承が生まれている。そうした観音御詠歌のパロディである蜀山人の狂歌は、「開帳をしている間は、百枚弱の銭を細縄でつないだ銭緡《さし》の銭をどんどん投げいれよ」と詠ったものだ。つまり、青黒い浅草海苔を経典を書写する紺紙に見立て、浅草寺の観世音菩薩ならぬ浅草海苔の「坑世音（世間の評判をもてあそぶ）」菩薩がお詠みになった歌という形にして、世間の開帳ブームを皮肉ったのだ。当時は、霊験あらたかな仏菩薩像や寺の貴重な霊宝を特別に公開するという触れ込みで、大がかりな開帳がなされ、あるいは地方の寺院が江戸まで出むいてきての出開帳が開催され、善男善女を集めて金を布施させる風潮が盛んであったが、見るからに怪しい霊宝も多く、批判を招いていた。

珍妙なものを持ち寄り合う宝合会《たからあわせのかい》は、天明三年（一七八三）にも先の会を真似た大掛かりな会が開かれている。見逃せないのは、安永の宝合会については『たから合の会の記』、天明の会については『狂文宝合記』が、会で披露された珍品の絵と説明の狂文を収めて刊行されていることだ。前者では、法然上人の「一枚起請文《いちまいきしょうもん》」をもじった「方便上人一枚起請文」、後者では、達磨が墓に残していったものと称する履き物と怪しげな伝記を並べた「達磨大師御履 并《おんくつならびに》御伝記」のように、仏教関連のふざけた品も見られる。

『摂陽奇観《せつようきかん》』によれば、こうした見世物は、嵯峨の清涼寺の開帳において絵解きをして評判となった呑龍《どんりゅう》という僧が、いろいろな細工物の仏像を作らせ、文化五年（一八〇八）に難波新地で「おどけ開帳」を開催したのが最初だという。呑龍は文化八年（一八一一）頃に滑稽な内容と社会批判を込めた『仏説阿呆陀羅経《あほだらきょう》』をリズムに乗せて唱えて歩いていた。こうした系統から、浪曲などが出てくる。

おわりに

これまで見てきたように、二千数百年にわたって仏教が続いてきたのは、僧や尼が戒律を守って修行に努め、在家信者たちが五戒を守って信仰に励んできたためばかりではない。僧尼にも信者にも、つい酒を飲んでしまう者がいたし、理屈をつけて酒を飲む者たちもいた。また、仏教に関わる興味深い語り物や芝居などの芸能が発達し、それらを楽しむ者たちも多かった。仏教関連の様々な祭りや遊びもおこなわれた。つまり、楽しい面もあったからこそ、仏教は広まり、長く続いたのだ。

特に、仏教を通じて進んだ文化をとりいれ、社会のあらゆる面に仏教が浸透した日本では、その傾向が強く、仏教を信仰しつつ仏法僧を笑いの材料にすることも盛んだった。これは、日本では、仏菩薩が、一神教における絶対的な神と違い、「怒ると怖いものの、いざという時は必死に頼めば何とかしてくれる、やさしくて人情味のある叔父さん」のようにみなされがちになっていったことと無関係ではないだろう。「仏の顔も三度」という諺は、日本人が仏をいかに人間風にとらえてきたかを示す好例だ。

本章で取り上げたのは、インド・西域・中国・韓国・日本・ベトナムにおける仏教の多様な面のうち、きわめて僅かな部分にすぎない。しかし、そうではあっても、宗派史を柱とするこれまでの仏教史、仏教信仰史とは違う側面を示すことができたのではないだろうか。しかも、儀礼と芸能は分かちがたいうえ、こうした芸能や遊びは教理とも深く結びついており、互いに影響を与え合っていた。僧尼を含め、人々が仏教に接する最初は、幼い頃に見たり体験したりする儀礼、芸能、遊びなどであって、教理書ではないことを考えるべきだろう。

参考文献

第一章　写経と仏画

大山仁快編『日本の美術』第一五六号『写経』、至文堂、一九七九
『金峯山埋経一千年記念　特別展覧会　藤原道長　極めた栄華・願った浄土』、京都国立博物館、二〇〇七
気賀沢保規編『中国仏教石経の研究――房山雲居寺石経を中心に』、京都大学出版会、一九九六
『古写経――聖なる文字の世界』、京都国立博物館、二〇〇四
小松茂美監修・宇塚澄風著『甦る金字経』、木耳社、一九八六
船山徹「捨身の思想――六朝仏教史の一断面」、『東方学報』京都第七四冊、二〇〇二、三五八―三一一頁
頼富本宏・赤尾栄慶『写経の鑑賞基礎知識』、至文堂、一九九四
John Kieschnick "Blood Writing in Chinese Buddhism", *Journal of the International Association of Buddhist Studies*, 23.2, 2000, pp. 177–194.

第二章　酒・芸能・遊びと仏教の関係

伊藤信博、クレール＝碧子・ブリッセ、増尾伸一郎編『『酒飯論絵巻』影印と研究――文化庁本・フランス国立図書館本とその周辺』、臨川書店、二〇一五
石井公成『東アジア仏教史』、岩波書店、二〇一九
石井公成『〈ものまね〉の歴史――仏教・笑い・芸能』、吉川弘文館、二〇一七
琴榮辰『東アジア笑話比較研究』、勉誠出版、二〇一二

参考文献

榊原悟『日本絵画のあそび』、岩波書店、一九九八
杉本卓州『五戒の周辺――インド的生のダイナミズム』、平楽寺書店、二〇〇〇
関山和雄『仏教と民間芸能』、白水社、一九八六
藤原暁三『仏教と酒――不飲酒戒史の変遷に就て』、日本基督教婦人矯風会 少年禁酒軍、一九三三
松尾恒一『儀礼から芸能へ――狂騒・憑依・道化』、角川書店、二〇一一
道端良秀『中国仏教史全集』第七巻第九章「仏教と酒」、書苑、一九八五
安田次郎『寺社と芸能の中世』、山川出版社、二〇〇九

図版一覧

口絵　「国宝　金光明最勝王経　巻第一（国分寺経）」画像提供：奈良国立博物館（撮影：森村欣司）

第一章

図 1　「P.2876『金剛般若波羅蜜経』願文」『敦煌宝蔵』第 124 冊末尾より

図 2　「国宝　金銅藤原道長経筒」所蔵：奈良金峯神社、『金峯山埋経一千年記念　特別展覧会　藤原道長　極めた栄華・願った浄土』（京都国立博物館、2007）より

図 3　「重文　紺紙金字法華経等残闕」所蔵：奈良金峯神社（同上）

第二章

図 1　「釈尊の伝記の絵解き」新アジア仏教史 5『文明・文化の交差点』（佼成出版社、2010、93 頁）より

図 2　「紙本著色酒飯論図」（国（文化庁保管）：『『酒飯論絵巻』影印と研究――文化庁本・フランス国立図書館本とその周辺』（臨川書店、2017））より

図 3　「『摩訶酒仏妙楽経』」国立国会図書館蔵

図 4　「反弾琵琶」『中国石窟　敦煌莫高窟　第 4 巻』（平凡社、1982）より

図 5　「『信西古楽図』綱渡り」国立国会図書館蔵

図 6　「真性偈」『回文類聚』補遺より

図 7　「仏鬼軍」所蔵：早稲田大学図書館

図 8　「紙本白描阿弥陀鉤召図」（国（文化庁保管）：「文化遺産オンライン」）より

図 9　「『聖遊廓』の悉曇の書き置き」『洒落本大成』第 2 巻（中央講論社、1978、333 頁）より

図 10　「『三教色』孔子・天照皇大神宮・釈迦が吉原で楽しむ図」（同上）

図 11　「とんだ霊宝」所蔵：川添裕コレクション、川添裕『江戸の見世物』（岩波新書、2000、80 頁）より

索　引

第一章と第二章の語彙を別に載録した。
太字は二章に共通して現れる語彙の頁を示す。

第一章索引

あ行

か行

さ行

た行

な、は行

ま行

ら行

第二章索引

あ行

か行

さ行

た行

な、は行

ま行

や、ら行

村田みお（むらた　みお）
一九八〇年大阪府生まれ。京都大学文学研究科博士後期課程修了、博士（文学）。近畿大学国際学部准教授。専攻は中国宗教思想。蘆北賞（第二四回、二〇一四）受賞。主な著作に『古典禅研究』（賈晋華著、汲古書院、二〇一八、共訳）『最澄・空海将来『三教不斉論』の研究』（国書刊行会、二〇一六、共著）などがある。

石井公成（いしい　こうせい）
一九五〇年東京都生まれ。早稲田大学大学院文学研究科単位取得退学。駒澤大学仏教学部教授。専攻は仏教と周辺文化。主な著作に『東アジア仏教史』（岩波新書、二〇一九）、『〈ものまね〉の歴史――仏教・笑い・芸能』（吉川弘文館、二〇一七）、『聖徳太子――実像と伝説の間』（春秋社、二〇一六）、『華厳思想の研究』（春秋社、一九九六）などがある。

シリーズ実践仏教Ⅳ
教えを信じ、教えを笑う

二〇二〇年二月二十九日　初版発行

編者　船山徹
著者　村田みお
　　　石井公成
発行者　片岡敦
印刷製本　亜細亜印刷株式会社

606-8204 京都市左京区田中下柳町八番地
発行所　株式会社　臨川書店
電話（〇七五）七二一-七一一一
郵便振替　〇一〇七〇-二-八〇〇

落丁本・乱丁本はお取替えいたします
定価はカバーに表示してあります

ISBN 978-4-653-04574-8 C0315〔ISBN 978-4-653-04570-0 セット〕

シリーズ実践仏教　刊行の言葉

京都大学人文科学研究所教授　船山　徹

世界の様々な宗教には、心のあり方を重んずる宗教もあれば、体を動かすことをより重視する宗教もある。仏教は、過去の歴史と現在社会において、心の状態を重視しながら、その一方で教えを口で説き示し、体を動かして実践してみせることにも大きな意義を認めている。

本シリーズは実生活や行為と仏教のつながりに目をあてる。仏教の概説書は、思想や教理という抽象的な側面から仏教を照らし出すことが多いだろうが、本シリーズはこれまであまり注目されてこなかった実践行為を取り扱う。

仏教の実践に着目する概説はこれまでもたくさんあった。しかし例えば「インド大乗仏教の瞑想実践」という概説があるとしよう。内容は実践と関係するに違いないだろうが、実際に中身を読んでみると、「具体的な実践」は取り上げず専ら「実践に関する理論」の説明に終始することがよくある。具体的な実践それ自体でなく、実践修行に関する抽象的理論を扱うだけの場合がままあるのだ。このような理論の枠組みに収まりきらないような具体的な事柄をもし主題とするなら、仏教の歴史や現状をどう説明できるだろうか。編者としてわたくしは、まさにこのような視点から『シリーズ実践仏教』を世に問いたい。

本シリーズの第一巻は、菩薩という大乗仏教の理想とする生き方を概説する。第二巻は、長い時間のなかで生きものは輪廻し何度も生まれ変わることの意味を取り上げる。第三巻は深い信仰から仏像や碑文を作る行為を具体的に説き明かす。第四巻は信仰とかかわる写経(経典の書写)の意義と、仏教の娯楽となった芸能や言葉遊びを紹介する。以上が前近代と関係するのに対し、第五巻は現代社会に息づく仏教を三章に分けて扱う。すなわち最初期から重視されつづけてきた瞑想法(精神統制)の今日的発展を扱う章、世界の仏教国の中で独自の価値を示し、注目されているブータン王国の仏教実践を解説する章、そして最後に、現代社会の避けられない課題として長寿のもたらす支援介護のあり方とターミナルケアにおいて仏教が果たす役割を紹介する章である。

本シリーズをきっかけに多くの読者が仏教の歴史と現代的課題に思いを寄せ、様々な形で現れた実践仏教について理解を深めるのに役立てて頂けるならば、編者として望外の喜びである。どの章も読者の目線を考えて分かり易くなるよう入念に執筆されているので、是非ご一読いただきたい。

シリーズ

実践仏教　全5巻

船山　徹　FUNAYAMA Toru［編］

二〇二〇年二月刊行開始！

＊構成・内容は変更になる場合もございます。